世界名人非常之路

比尔·盖茨

从电脑神童到世界首富

张学文◎编著

中国社会出版社

国家一级出版社·全国百佳图书出版单位

"世界名人非常之路" 编委会

写在前面的话

　　那是 18 世纪，爱尔兰著名经济学家理查德·坎蒂隆著作了《商业性质概论》一书，他在该书中首次对"企业家"进行了定义，阐释企业家是专门承担风险的人。

　　后来，奥地利著名政治经济学家约瑟夫·熊彼特在所著《资本主义、社会主义与民主》中指出，企业家就是创新者，就是不断探索新的可能方案，不断寻找新的意义所在，不断发现新的实现自我的途径。按照他的定义，企业家的内涵和外延要广泛得多，不仅包括在交换经济中通常所称的生意人，也包括公司雇用人员，例如经理、董事会成员等。

　　美国著名企业家克雷格·霍尔在所著《负责任的企业家》中指出，企业家是做实事的人，是冒险家，是风险承担者，他们对朋友、商界伙伴和社会是负责任的。也就是说，企业家不仅是社会革新者，更是社会责任与信用关系的维护者，并且致力于改进社会。

　　总之，"企业家是不断在经济结构内部进行'革命突变'，对旧的生产方式进行'创造性破坏'，实现经济要素创新组合的人。"他们创造物质财富，推动社会不断进步，使人们更加幸福。财富虽然只是一个象征，但它与人们的生活、国家的发展、民族的强盛等息息相关。

　　企业家也创造巨大的精神财富，他们在追求财富过程中所表现出来的创新、冒险、合作、敬业、学习、执着、诚信和服务等精神，值得我们每一个人学习。这种企业家精神既是这个特殊群体的共同特征，也是他们独特的个人素质、价值取向以及思维模式，更是他们行动的理性超越和精神升华。

　　当然，企业家是在创造财富的实际行动中，在点点滴滴的事例中体现出伟大精神的。我们在追寻他们成长发展的历程时就会发现，虽然他们成长发展的背景各不相同，但他们在一生中所表现出的辛勤奋斗和顽强拼搏的精神，则是殊途同归的。

写在前面的话

　　这正如美国著名思想家和文学家爱默生所说："伟大人物最明显的标志，就是他们拥有坚强的意志，不管环境怎样变化，他们的初衷与希望永远不会有丝毫的改变，他们永远会克服一切障碍，达到他们期望的目的。"同时，爱默生认为："所有伟大人物都是从艰苦中脱颖而出的。"

　　为此，我们特别推出了"中外企业家成长启示录"丛书，精选荟萃了现当代中外在钢铁、石油、汽车、船运、时装、娱乐、传媒、电脑、信息、商业、金融、投资等方面最具有代表性的企业家，主要以他们的成长历程和人生发展为线索，尽量避免冗长的说教性叙述，采用日常生活中富于启发的小故事来传达他们的精神。尤其着重表现他们所处时代的生活特征和他们建功立业的艰难过程。本套作品充满了精神的力量、创业的经验、经营的学问、管理的智慧以及财富的观念，相信我们广大读者一定会产生强烈的共鸣和巨大的启迪。

　　为了让广大读者更方便地了解和学习这些企业家，我们还增设了人物简介、经典故事、年谱和名言等相关内容，使本套作品更具可读性、指向性和知识性。为了更加形象地表现企业家的发展历程，我们还根据他们的成长线索，适当配图，使之图文并茂，形式新颖，以便更加适合读者阅读和收藏。

　　我们在编撰本套作品时，为了体现内容的系统性和资料的翔实性，参考和借鉴了国内外的大量资料和许多版本，在此向所有辛勤付出的人们表示衷心谢意。但仍难免出现挂一漏万或错误疏忽，恳请读者批评指正，以利于我们修正。我们相信广大读者通过阅读这些著名企业家的人生成长与成功故事，会更好地把握自我成长中的目标和关键点，直至开创自我的幸福人生！

人物简介

✑ 名人简介 ✑

比尔·盖茨，全名威廉·亨利·盖茨三世（William Henry Gates III），美国微软公司董事长。他出生于 1955 年 10 月 28 日，和两个姐姐一起在西雅图长大。

比尔·盖茨儿时就读于西雅图公立小学和私立的湖滨中学。在湖滨中学，比尔·盖茨结识了后来和他共同创建微软公司的合伙人——比他高两个年级的保罗·艾伦。

在盖茨的领导下，微软公司持续地发展改进软件技术，使软件更易用、更省钱和更富于乐趣。微软公司致力于长期发展，从目前每年超过 50 亿美元的研究开发经费就可看出这一点。

✑ 成就与贡献 ✑

在《福布斯》杂志排行榜上，比尔·盖茨从 1995 年至 2007 年，蝉联世界首富；2008 年排名世界第三，2009 年又一次成为世界首富；2010 年以微弱劣势降至世界第二。

2011 年 9 月，比尔·盖茨登上 2011 年《福布斯》"400 位最富有美国人排行榜"榜首，这已经是他连续第 18 年名列榜首。

2012 年，美国前 400 位富豪排行榜，56 岁的比尔·盖茨以 660 亿美元的资产第十九次获得美国首富桂冠。2014 年再次成为世界首富。

地位与影响

比尔·盖茨被评选为 20 世纪改变人类历史的 100 名最具影响力人物之一。

比尔·盖茨在微软公司事业的成功，带动他在别的领域也有了重大影响。1995 年，比尔·盖茨出版的《未来之路》，曾经连续 7 周名列《纽约时报》畅销书排行榜的榜首。

1999 年，比尔·盖茨又撰写了《未来时速》一书，向人们展示了计算机技术是如何以崭新的方式来解决商业问题的。这本书在超过 60 个国家和地区以 25 种语言出版。

比尔·盖茨还正在研究开发一种世界最大的可视信息资源——来自全球公共收藏和私人收藏的艺术及摄影作品综合数字档案。

此外，比尔·盖茨还和移动电话先锋克雷格·麦考（Craig Mc-Caw）一起投资，计划使用几百个低轨道卫星来提供覆盖全世界的双向宽带电讯服务。

对于比尔·盖茨来说，慈善事业也是非常重要的。这在另外一方面表现了他对整个人类利益的关心。他和他的妻子梅琳达已经捐赠了超过 240 亿美元的善款，并建立了一个基金，支持全球医疗健康和教育领域的慈善事业。

比尔·盖茨和他的妻子建立的基金已经将 25 亿多美元用于全球的健康事业，将 14 亿多美元用于改善人们的学习条件。此外将超过 2.6 亿美元用于西北太平洋地区的社区项目建设，将超过 3.8 亿美元用在一些特殊项目和每年的礼物发放活动上。

争强好胜的天性

初创微软公司

缔造微软帝国

世界天才的魅力

附　录

争强好胜的天性

与其做一株草坪里的小草，不如做一棵笋立于土丘上的橡树。因为小草毫无个性，而橡树昂首苍穹。

—— 比尔·盖茨

出生在幸福之家

在美国西部广袤辽阔的土地上，有许许多多冒险家留下了不计其数的希望，其中也有一部分人收获了丰硕果实。在这里有许多神奇的故事被人们广为传颂。

西雅图是太平洋黄金海岸线上的一座美丽城市，它是众多冒险家的乐园，有着"梦幻之城"的美誉。

1955年10月28日，一个和往常一样的日子，太平洋汹涌的波涛依旧拍打着岸边的礁石，依旧溅起一朵朵雪白的浪花，而有一个被全世界广为知晓的传奇故事就此拉开了序幕。

"感谢上帝，母子平安！快看啊！这真是个不老实的小家伙！"老盖茨对刚刚生产完的妻子玛丽惊喜地说道。

被老盖茨抱在怀里的小家伙是个男孩，这个孩子看起来精力旺盛，他正睁着圆圆的大眼睛四处张望，似乎对这个世界充满了好奇。

玛丽望着自己可爱的孩子问："给他取个什么名字呢?"

老盖茨高兴地回答："我已经在他的出生证上填上威廉·亨利·盖茨，同我的名字一样。"

老盖茨是个身材魁梧、喜欢运动、性格拘谨、不太健谈的人。

1943年，老盖茨高中毕业后应征入伍，过了两年，他又进入了佐治亚州本宁堡军官培训学校。1946年退役，然后到华盛顿大学法律系念书。在那里，通过朋友的介绍，他同玛丽·马克斯韦尔相识。

老盖茨的老家在离西雅图不远的布雷默顿。他的父亲经营一家家具店，家里并不富有，社会地位也远远算不上显赫。

1950年，老盖茨从华盛顿大学毕业回到老家，做助理辩护律师。

过了两年，玛丽也毕业了。不久他们就结了婚，并且把家从布雷默顿迁到西雅图。玛丽到一所学校做教师，老盖茨进了一家私人律师事务所。玛丽于 1929 年出生在西雅图市一个名门世家。玛丽的祖父马克斯韦尔曾做过华盛顿州南本德市的市长和州议会议员。1906 年，马克斯韦尔举家迁往西雅图，在那里创建了美国城市银行。这家银行不久就成了全国知名的银行。

玛丽的父亲詹姆斯·威拉德·马克斯韦尔在华盛顿大学毕业后，就在玛丽祖父的银行里做信差。玛丽的父亲喜欢交际，喜欢参加各种社团活动。后来，他成了美国九大银行之一的太平洋国民银行的副总裁，当然也是声名赫赫的大银行家，拥有巨大的财富。

玛丽的母亲性格活泼，喜欢体育运动，曾是学生中的佼佼者。玛丽的祖父给儿女们留下了大笔财富，但是这个家庭却鄙视穷奢极欲的生活方式，不喜欢炫耀财富和地位。后代们都遵循母亲、祖父的传统，过着简朴的生活，崇尚良好的教育。这个优良的传统也被玛丽继承下来。

老盖茨一家过着其乐融融的日子，彼此相处十分亲密和睦。他从来就是一个进取心很强、有远大抱负的人。他稳重老成，德高望重，在法律界口碑极好。他做过华盛顿州律师协会主席，还出任过全美律师联合委员会主席。

玛丽一直是家庭的中心人物和驱动力。她性格温和，举止典雅，做事却不乏果断利落。小盖茨出生后，她就不再去学校教书，而留在家里照顾孩子。不过她对社会工作依然怀有极大的兴趣，当小盖茨长大一些后，她做了社区服务人员，去西雅图历史和发展博物馆做义务讲解员，常去各地学校为学生们讲解本地文化和历史。同在教育界一样，她在社交界也享有极高的声誉。

老盖茨一家人住在一幢临海的别墅里。小盖茨的出生，让这个其乐融融的家庭增添了许多快乐。

老盖茨永远都记得那个晚上，朦胧的夜色笼罩着整个城市，海风徐徐地吹来，皎洁的月光洒满庭院，老盖茨和玛丽坐在院子里的藤椅上闭着眼睛享受着温馨的气息。"咦，亲爱的，你听，什么声音？"

老盖茨听到小盖茨的房间里传来"吱吱"的声音。

"是小盖茨！"玛丽急忙朝小盖茨的房间跑过去，老盖茨紧随其后。展现在他们眼前的是这样一幅场景：盖茨的外婆正在有节奏地摇着摇篮，小盖茨躺在摇篮里，他似乎一点睡意都没有，瞪着一双炯炯有神的眼睛，四处张望。

"我可爱的小比尔是个好动的小家伙。你们看，他不愿意睡觉，只喜欢在摇篮里晃来晃去。"外婆非常喜欢小盖茨，她叫盖茨为"小比尔"。

"妈妈，比尔真是精力旺盛，通常整夜都不睡，他就喜欢小摇篮有节奏地摇晃。如果摇篮长时间静止，他就会毫不客气地大哭起来。真是拿他没办法！"玛丽有些无奈地说。

"也许等他将来长大了，也会这样精力旺盛地去学习和工作呢！"老盖茨打趣地说。

随着摇篮有节奏地摇晃，小比尔一天天长大了。

上幼儿园时，天性好动的他在一匹玩具木马上体验到了摇晃的快乐。这匹木马是他的宝贝，连姐姐也不能随意玩耍。他经常反戴着一顶棒球帽，手里拿着妈妈晾衣服的绳子，在这匹木马上扮"牛仔"。

小比尔骑在木马上不停地晃呀晃，甚至就连他后来上学后在上课时也好像是骑在木马上一样不停地晃动。因此，他被大家戏称为"木马王子"。

比尔喜欢摇晃的这一癖好，在好长一段时间内让老师感到很头疼，但当老师向他提问时，他却能对答如流，老师这才知道他并不是一味地贪玩。小比尔并非无聊地做这些常人难以理解的举动，而是以他特有的方式在思考。

接受良好的教育

盖茨家族不属于那种墨守成规的类型。比尔的祖父和父亲在年轻时就显示出盖茨家族企业家的天赋，而比尔则把此天赋发挥得淋漓尽致。

比尔从小就受到了良好的家庭教育，从他出生开始，父母就不断创造条件，力争使他的才智得到最大限度的发挥。

比尔似乎永远都没有感到疲劳的时候，他总是动来动去。不过，从事多年教育工作的玛丽，从没有阻止过儿子的这些异常举动，反而鼓励他在玩耍中寻找乐趣。

玛丽知道，在孩子眼中，世界充满了太多的神奇和乐趣，这需要不断地去探索和体会。身体对运动的喜好，多少反映了大脑对未知事物的敏感。她甚至宁愿儿子在草坪里摸爬滚打得像一个泥猴，也不愿意看到他躲在房间里安静闲适地看电视。

比尔渐渐长大了，玛丽终于可以走出家门了。她到西雅图历史和发展博物馆做了义务讲解员。由于她还要经常去各个学校为学生们讲解本地的文化和历史，所以，她不得不常常留比尔一个人在家里玩。

"哦，宝贝！你在哪儿？妈妈回来了。"玛丽每天下班都会亲昵地招呼小比尔。

"妈妈，我在这儿呢！"

有一天，当玛丽打开比尔的房门时，不由得怔住了，只见一片狼藉，满地都是被比尔拆下来的乱七八糟的各种玩具零件，而比尔正兴高采烈地骑在那匹宝贝玩具木马上，一边不停地前后摇晃，一边饶有兴味地摆弄着手里的玩具零件。

"哦，我的天啊！你到底在做什么？"玛丽惊讶地问儿子。

"妈妈，我是想看看这些玩具究竟是怎么组装起来的。"比尔回答道。

这时的玛丽并不责备儿子，而是耐心地教导儿子，还蹲下来和儿子一起组装那些零乱的玩具。

"比尔，你需要记住你每次拆卸时的次序，一个零件一个零件地进行，然后再按次序一个一个地组装，那样就会很容易了。"

比尔有了妈妈的鼓励和支持，他总会有惊人的举动。

有一次，他无休止地把自己的头和屁股一同塞进箱子里，然后弹跳出来，还力争一次比一次跳得远。而且他不断地估计，下一次他能够再跳多远……

每当这个时候，别人阻拦是无济于事的，那样只会让小比尔变本加厉地重复。

他在十来岁以后，时常走着走着便突然跳起来，伸手去碰树枝、门柱、篮球筐以及任何能够吸引他注意的东西。

有时候，玛丽外出也会把盖茨带在身边。当玛丽在学校里向学生讲解西雅图的历史和博物馆的情况时，比尔总是坐在全班的最前面。尽管比尔是个生性好动的孩子，但在教室里他却表现得比其他学生还要专注、认真。

另外，比尔的外祖母在中学时曾是女子篮球队的主力前锋和班上的学科代表。她博学多才，思维敏捷，酷爱益智游戏。对她而言，游戏不是无意义的消遣，而是技能和智力的测验。

外祖母把自己的这种观念贯彻到了对小比尔的培养中，她经常陪小比尔做一些智力游戏。例如，和比尔一起下跳棋、玩筹码、打桥牌等。而且，在做游戏时，外祖母还经常鼓励小比尔说："自己动脑想，再想想！使劲想！使劲想！"外祖母也很善于鼓励孩子，她常常会为小比尔下了一步好棋或者打出一张好牌而拍手叫好。

在外祖母的引导下，比尔还养成了爱读书的好习惯。尽管比尔那时还只是个孩子，但他却已经开始读大人看的书了。

比尔十分喜欢参加他家附近的一个图书馆举行的夏季阅读比赛，他总是得男孩中的第一。正是这样的游戏和阅读，锻炼了比尔非凡的记忆能力，培养了他敏捷而有深度的思维能力。

外祖母意识到比尔在思维与记忆上的潜力，她总是不失时机地激活比尔这方面的潜能。有时祖孙俩到公园散步，外祖母常会与比尔交流下棋的技术或看某篇佳作，让比尔寻找更新的方法或表达更独到的精辟见解。

在家里，父母允许小比尔随意翻阅他们的藏书。比尔有时候会整天待在父母的书房里读书。正是这些书籍为他打开了一扇通往理想世界的大门，也为他日后取得令世人惊叹的事业打下了牢不可破的基础。

有一次，比尔过生日的时候，大人们给他送来了很多礼物，但比尔都不喜欢。

爸爸问他："那你想要什么？"

"我想要我刚才读的那本《世界图书百科全书》！"

"你能看懂那本书吗？"

"能看懂！上面有文字，还有图，我能看懂。"

妈妈看了爸爸一眼，微笑着对比尔说："好吧，那就送给你当生日礼物。"

"太好啦！"比尔高兴得使劲在椅子上摇晃起来。"这是我最好的生日礼物！"这时的比尔刚刚 8 岁。

比尔小时候喜欢的书有《大亨小傅》《麦田里的守望者》和《另一个和平》等。他最喜欢看的是《世界图书百科全书》。这本书图文并茂，正好可以解答他的种种疑问，让小盖茨爱不释手。

阅读海量的书籍使比尔从小就在脑海里储存了丰富的知识，因此，在很多问题上，他能比同龄人看得更高更远，也能提出自己独到的见解。

长大后比尔说：

笨重的书卷里仅仅包含文本和插图，它能够说明爱迪生的留声机外观怎样，却不能让我听听它刺耳的声音。它有毛毛虫变成蝴蝶的照片，却没有图像将这一变化栩栩如生地呈现出来。

如果它能就我所读的内容进行测验，或它的信息能够与时代同步，那真是锦上添花。当然，那时我并没有意识到它的这些缺点。尽管如此，我还是很喜欢这部百科全书，并坚持读了5年，一直读到上中学。

每个孩子都有自己独特的天性，例如"左撇子"。有的父母会强迫孩子改变成普通孩子的样子，于是在扼杀了孩子们天性的同时，很可能也扼杀了孩子们的才华。幸运的是，比尔的外婆和父母从来都不阻止他的古怪行为，而是培养和引导他，使得他将最优秀的一面发挥到极致。

不寻常的小学生

上学以后，比尔很让爸爸妈妈操心。上三年级时，有一天，比尔一放学回来就把自己丢到沙发里，一脸不高兴。

妈妈问："怎么啦？"

"罗勃老师请你明天去学校。"

"为什么？"

比尔突然脱口而出："我不想上学了！"

"怎么回事？"妈妈吓了一跳。

"罗勃老师讨厌我，我也讨厌他！"

第二天上午，比尔的妈妈匆匆忙忙赶到学校。就在快走近比尔教室的时候，她忽然听到罗勃老师发怒的声音："为什么每次我叫你的时候，你都浑然不觉？都要伊丽莎白提醒你，你才会知道？你在想什么？"

"我只是在想事情……"这是比尔的声音。

"还有，我昨天不是跟你说过让你把桌子整理整理吗？！瞧你的桌子乱成什么样子，简直是垃圾堆！"

比尔的妈妈急急忙忙冲进教室，把全班小朋友和罗勃老师都吓了一跳。

比尔的妈妈再三解释说，比尔绝对不是一个坏孩子，也绝不是存心要与老师作对，他只是散漫惯了。

罗勃老师则反复强调"秩序是一切的基础"，并不断列举比尔的许多"罪状"："他在课堂上总是坐不住，身体老是晃个不停。这么爱动的孩子，说也奇怪，到了下课时间，反而又懒得出去，只是安安静静地坐在自己的位子上看书……"

不久，父母决定让比尔转班。新的班导是辛克莱老师。一看到辛克莱老师，比尔的妈妈就觉得放心多了，她想："至少他会笑！"

父母常常提醒比尔，任何团体都有一定的规范，你也不能太任性。比尔对这些大道理不是不懂，只是照他的说法，他总"管不住自己"。比方说，每次明明是在想着老师上课时刚刚说的一点什么事情，可是想着想着，身体就不知不觉地晃起来了。

比尔一直不太适应学校生活。四年级的时候，爸爸妈妈甚至认真考虑过要不要让比尔降级一年。

为此，校长特别邀请了比尔的新班主任海瑟·卡尔森女士，和比尔的爸爸妈妈一起讨论。

校长说："其实降不降级都不是最重要的，最重要的是我们希望让每一个孩子在学校里都能很快乐。"

比尔的妈妈连连点头说："我也希望比尔快乐，所以才会做要不要降级的考虑。我们觉得他似乎能跟得上，虽然他总是不肯写作业，班上同学好像也没有几个是与他玩得来的伙伴。"

校长问卡尔森老师："卡尔森女士，你认为呢？"

"我倒不认为比尔跟不上，我认为他只是太特别了。他不肯写作业，可能是觉得我出的作业太无聊了。"

"真的吗？你真的认为比尔很特别？"比尔的爸爸问。

"是的，表面上看他似乎很散漫，精神不集中，其实他的计算和阅读能力高出同龄的孩子太多了。"

卡尔森老师举例说："比尔虽然才9岁，可是已经可以把百科全书从A至Z一字不漏地读完。随便翻开哪页，问他几个问题，他都答得出来。"

卡尔森老师说："还有一次，我要班上的同学阅读一本有关人体器官的书，这本书一共有14页。才一会儿工夫，我就看到比尔把书本合了起来，又开始在椅子上晃动。我问他：'比尔·盖茨，你看完了吗？'比尔说：'是。'可是，那会儿，别的同学都才只看了一两页呀！然后我就叫他讲给我们听。

"比尔平静地回答：'这些器官包括：眼睛，让我们看东西；鼻子，让我们呼吸；嘴巴，让我们说话，还有吃东西……'

"他准确地说出书中的许多内容。说到'大脑'时，他竟然说：'这是最重要的器官，它让我们想事情。如果有一天我的大脑坏了，需要换一个新的，我一定要换一个聪明的。'

"同学中有人问：'如果聪明的人脑刚好缺货，只剩下聪明的小狗的头呢？'

"'那就换狗头。我宁可要一个聪明的狗头，也不要一个很笨的人脑。'"

听了卡尔森老师所讲的这个故事，比尔的爸爸笑着说："想不到我儿子这么有个性。"

"我也觉得他挺有个性的，"卡尔森老师说，"比尔似乎只愿意做他有兴趣的事。他最差的功课像公民与道德，都是因为他不感兴趣，也许因为对他来说，实在是太简单了。"

校长说："这么一说，比尔却是一个很优秀的孩子了。"

卡尔森老师说："他是我所教过的学生中最聪明的。我估计他的智商大约在 160 至 170 之间。"

卡尔森老师望着比尔的父母，又强调说："我是学特殊儿童教育的，天才就是特殊儿童！"

"比尔会是天才？"比尔的父母都有些喜不自胜。

经过卡尔森老师和校长耐心解释，比尔的父母才打消了让比尔降级的念头。

校长和老师都认为比尔是一个能力很强的孩子，他的思想胜过他的能力。

获得第一个奖杯

小学四年级时，比尔就在日记中这样写道：

> 与其做一株草坪里的小草，不如做一棵耸立于土丘上的橡树。因为小草毫无个性，而橡树昂首苍穹。
>
> 人生是一次盛大的赴约。对于一个人来说，一生中最重要的事情莫过于信守至高无上的诺言。那么这个诺言是什么呢？就是要干一番惊天动地的大事。
>
> 也许，人的生命是一场正在焚烧的火灾，一个人所能去做的，就是竭尽全力要从这场火灾中去抢救点什么东西出来。

比尔虽然生性好动，但由于天资聪颖和自信，儿时的比尔获得过不少奖励。他平生获得的第一个奖杯被保存在西雅图里奇景小学的荣誉教室。那是一座铜质奖杯，一行醒目的字刻在奖杯的底座上：

> 奖给在演讲比赛中表现突出、成绩优异的比尔·盖茨同学。

那是 1965 年春天，比尔上小学四年级了。

一天早上，他不安地坐在教室里，焦躁地等待着班主任宣布班里演讲比赛的备选人名单。比尔所在小学每年都要举行一次演讲比赛，比尔的班级里将要挑选出 3 个备选人。

当班主任宣布完这 3 个人的名字后，比尔很是失望。由于比尔的声音比较尖细，与老师挑选演讲者的要求相去甚远，而他的同桌由于长相出众、声音甜美被老师选中了。

很快这几个人就进入了演讲前的强化训练。但是，让大家都感到意外的事情发生了，比尔的同桌仅仅上了一堂培训课就再也不愿意去了，因为他受不了那种枯燥乏味而又严格的培训。

这让老师非常失望，而此时的比尔却庆幸不已，他知道自己的机会来了，他决定挑战自己，尝试培养自己的演讲能力。于是，他信心十足地向老师提出了代替同桌前去参加演讲比赛的要求。

"什么，你？"老师一脸疑惑，她没有想到瘦小的比尔会毛遂自荐。

"是的，老师，只要您同意，我一定会尽我最大的努力，取得出色成绩的。"

"呃，但是，你要知道，演讲必须要有一定的条件……"

还没等老师把话说完，小比尔就斩钉截铁地说："老师，请您相信我，我一定会取得第一名的，我向您保证！"

看到小比尔如此坚持，如此有信心，老师便同意了他的请求。

小比尔欣喜若狂，他开始收集资料，努力研究演讲技巧，最终突破了自己的声音缺陷，不但轻而易举地通过了初赛和复赛，而且还在决赛中战胜了比自己大两岁的竞争对手，最终获得了冠军，得到了生平第一个奖杯。

拿破仑曾说："'不可能'这几个字，只有在愚人的字典中找得到。"在比尔·盖茨的字典里，从来都没有过"不可能"，他从小就是这样自信。

在学校的一次戏剧演出《黑色喜剧》中，小比尔出人意料地将一段长达 3 页的独白背诵出来，而且完整无误，令许多同学羡慕不已。

有一次，西雅图大学社区公理会教堂里一位名叫戴尔·泰勒的德高望重的牧师，向比尔所在的班级提出："假如有谁能够流利地将《马太福音》第五章至第七章的内容全部背诵下来，我就邀请他到西雅图的'太空针'高塔餐厅参加免费聚餐。"

"太空针"高塔高153.3米，该餐厅当时在西雅图是最豪华的地方，登上"太空针"高塔餐厅，就可以看到所有西雅图的头面人物。这对所有人都有着巨大的吸引力，当然，比尔也不例外。

《马太福音》是《圣经》中的一卷，比尔曾在父母的书架上看到过。他知道这几个章节不但松散冗长，而且前后句子之间也没有一定的连贯性，因此非常难记。虽然比尔对这类书籍并不太感兴趣，但他却决定迎接这个挑战。

经过一段时间的准备后，背诵开始了。在严肃的戴尔·泰勒牧师面前，比尔满怀信心地背诵起来："……耶稣看见如此多的人，就坐了下来，他的门徒来到他面前，他就开始教导他们，说：虚心的人有福了！"

从头至尾，小比尔背得朗朗上口，中间没有出现一个错误，甚至没有出现一点结巴。紧接着，泰勒牧师就这几个章节向小比尔提了几个问题，而小盖茨的回答也令他非常满意。

一个11岁的孩子能够如此流利地背诵这段冗长又拗口的文字，这让有着多年教学经历的泰勒牧师很惊讶。他曾经回忆说："比尔·盖茨有着一种与众不同的才能，是一个出类拔萃的孩子。我真不敢相信他竟然有着这么高的天赋。他喜欢接受挑战。尽管'太空针'高塔的聚会对每一个人来说都非常具有诱惑力，然而大多数接受挑战的孩子并没有为此付出艰辛的努力，而比尔·盖茨却做到了这一点。"

在高高的"太空针"高塔豪华旋转餐厅里，小比尔与其他几个获胜者同泰勒牧师共进晚餐。

当小比尔第一次居高临下地注视着西雅图充满神秘的夜景时，他心潮澎湃，不禁对自己的未来充满了成功的憧憬。他在心中暗暗地对自己说："只要我尽了我最大的努力，我就能做到我想要做的任何事情！我相信我一定可以！"

比尔对自己所做的事非常严谨和执着。

1965年的一天，在华盛顿的一所学校图书馆里，一名管理员正在认真地整理书籍。正在她手忙脚乱满头大汗之时，一个女老师来到她身边，很礼貌地对她说："嗨，不好意思，打扰您了。我想您必须得请个人来帮忙。"

"啊！这的确是个不错的好主意。但是，我怎么能指望有人会义务帮忙呢？"图书管理员对女老师的提议不屑一顾。

"是这样，我是一名负责教10岁儿童班的老师，在我们班上有一名成绩非常优异的学生，名叫比尔·盖茨。他每一门功课都完成得比其他所有孩子要快很多，他很希望能再找个活儿干，不知道他能否在图书馆里帮您做点什么呢？"女老师向管理员推荐了自己的学生。

"呃，但是，薪水……"管理员言语里有些犹豫，她还在担心薪水的问题。

"放心吧，他不会要您一分钱的。这是个嗜书如命的小家伙。您只要能让他给您帮忙之余读书，满足他对知识的渴望就可以了。"

"嗯，那好吧！那就让他来吧！"管理员终于同意了老师的请求。

其实管理员以前也碰到过类似的情况，但孩子们不是因为觉得太耽误学习就是因为吃不了苦而最终放弃了，所以她对于即将到来的小助手也没太放在心上，又继续埋头做她的工作了。

过了一会儿，一个小男孩儿走过来和管理员打招呼："嘿，您好！见到您很高兴！我就是刚刚那位老师向您推荐来帮忙的学生，请问我可以开始工作了吗？"

图书管理员扶了扶架在鼻子上的黑边大眼镜，瞟了小比尔一眼，发现站在自己面前的男孩儿身材瘦小，皮肤苍白，脸颊有几点雀斑，眼睛呈淡蓝色，鼻子在他脸上显得过大。他的眼镜斜向一边，使得他看起来傻气而可爱。

"好的，到这儿来，到我的身边来。可爱的小家伙，首先，告诉我你的名字。"

"好的，女士。我叫威廉·亨利·比尔·盖茨，但大家都习惯叫我比尔·盖茨。"

"那好，小比尔，现在，我要给你讲解有关杜威十进位制的图书分类上架法。你要认真听好了。"图书管理员讲解得很详细，小比尔听得也很认真，很快便心领神会。

管理员很快就发现这个相貌平平的男孩是个与众不同的学生，他有着惊人的记忆力和超强的理解力，给他讲过的东西几乎不需要重复就能牢记于心，这很让图书管理员吃惊。因为她自己当年刚刚接手管理图书时，虽然已是成人，但仍然用了相当长的一段时间才对图书馆的业务了如指掌，而且中间有很多细节还是会犯错误。而面前的这个小男孩儿对自己所交代的一切任务似乎都干得很顺手，仿佛是自己的老搭档一样。

不久，图书管理员又给小比尔看一大摞已经过期的借阅书卡。管理员告诉比尔，书卡上的书已经还了，但是实际上由于书卡有误，已经不能确定这些书的确切位置了。

"这是件侦探式的工作，对吗？"小比尔歪着脑袋天真地问道。

"哦，我想，可以这么说。"管理员很赞同小比尔的这个形象比喻。管理员话音未落，小比尔就干脆利落地干起来了。到了中午，管理员告诉小比尔到了该休息的时候了。

"瞧啊，我又找到了一本！"比尔高举着手里的书本兴奋不已，他把每本找到的书都看成是自己的胜利果实。在短短的时间内，小比尔靠着自己"火眼金睛"已经找出 3 本有误的书了。

"比尔，该休息了。"

"我不累。我还不想休息，我要坚持把这些活干完再休息。"小比尔似乎不知疲倦地说。

"听我说，小比尔，图书馆内的空气不太好，你要到外面呼吸一下新鲜空气。"管理员极力劝说比尔。

"那好吧！"比尔这才停下手头的工作。

"但是，能多借给我两本书看吗？"在走过图书借阅台时小比尔又补充道。

"当然了，没问题！你的老师说得没错，你可真是个嗜书如命的小家伙！"

"谢谢！我刚才在整理书籍的时候，已经选好了。"小比尔狡黠地笑了。

第二天早晨，小比尔很早就去图书馆坚持干完了找书的工作。他麻利地在这些书架之间来回穿梭，聚精会神，毫不懈怠。下班时，他提出要做一名正式的图书管理员的要求，管理员很痛快地答应了。

后来因为比尔家搬到了毗邻的社区，要转学，他迫不得已辞去了图书馆的工作。比尔很不情愿，他担心的是自己走后，谁来找那些丢失的图书呢？

让管理员欣喜的是，比尔离开几天后又回来了。他对图书管理员说："新去的那所学校的图书馆管理员不让学生在图书馆帮忙干活儿，所以我又向父母提出回原学校念书。爸爸上班路上会叫我搭段车，要是他有事，我就走着来上学。"

管理员被比尔的执着与热情打动了，她觉得这个做事认真而又执着的孩子一定会有一个非同寻常的未来。

修炼坚强的性格

放暑假对于一个小学生来说，是一件十分高兴的事。他们每天可以睡懒觉，不必清早就去上学，也不用完成作业了。很多同学都利用假期和爸爸、妈妈去旅游，自己不仅可以去爬山，还可以去游泳。但是到了暑假，比尔不能去玩。

学校决定利用假期举行为期一周的 80 千米徒步行军。许多同学的父母都担心自己的孩子会被累坏，不让孩子参加这次活动，但比尔的父母却鼓励他积极参加。"你只有多参加集体活动，才能有更多的机会和其他同学接触，不仅能够从中学到与人相处的经验，还在生活中得到各种锻炼。"

活动开始的这天早晨，同学们都集中到学校的操场上，背着行囊列队等待出发。比尔和爱德蒙站在队伍的前面。比尔穿着新买的筒靴，昂着头，挺着胸，觉得自己像个即将奔赴战场的战士。

"出发！"大鼻子老师高喊一声。

同学们列队前行，踏上了徒步行军的路程。

为了考验同学们，让他们多吃点苦头，学校选择的道路都是难走的。在城里，走在笔直宽阔的公路上，同学们感到很轻松，一边走，一边嘻嘻哈哈地说笑着。出城没多远，就拐上一条山路，路面虽然崎岖不平，可由于刚踏上山路，同学们被路旁的景色吸引，也不觉得怎么累。太阳渐渐地越升越高，天也越来越热。

同学们开始出汗了，行进速度也开始慢了下来。

"同学们，坚持住啊，真正的考验还在前面呢！"老师在大声地给同学们鼓劲。

比尔和爱德蒙并肩前行，从一开始就走在队伍的最前面。比尔在心里暗暗憋足了一股劲：从始至终，自己一定要走在最前面。

爱德蒙知道比尔从不甘心落于人后的性格，他要陪好朋友一同成为最后的胜利者。

可是不知道为什么，比尔老是皱眉，脸上露出痛苦的表情。

"比尔，你怎么了？"爱德蒙问。

比尔低声说："这靴子有点大，磨得我脚有点疼。"

比尔的新筒靴不太合脚，略微大了一点，走路的时候，脚被磨得很疼。开始，比尔没有太在意，但随着路程的延长，脚就越来越疼，靴子上就像长了牙齿一样，每走一步，就向脚咬一口。他不得不慢下来，一瘸一拐地走着。

好朋友西蒙尼发现他有些异样，关切地问："比尔，你怎么了？"

"没，没什么。"比尔看了看周围，小声地对西蒙尼说，"我的脚疼得厉害。"

"那赶紧去找随队医生！"

"嘘——"比尔拉住了西蒙尼，示意他小声些。

"我再坚持一下，也许就没事了。"

行进的道路越来越难走，路面崎岖不平，有很多大小不一的石块、石子，脚踩上去很不舒服。比尔一声不响地咬牙坚持着。

终于到了午休的时候了。同学们有的累得躺在地上直喘粗气，有的在一边捶自己的腿。比尔溜到一个僻静的地方，坐在一块石头上，慢慢脱下靴子一看，每只脚的后跟都磨出了一个拇指大小的水泡。他把一块手帕撕成两半，缠好两只脚，然后慢慢地穿上靴子。他又不声不响地回到了队伍当中。

下午的路漫长极了。山路越来越难走，肩上的背包也感到非常沉重。比尔感觉到脚上的疼痛稍稍减轻了些，但那里的神经一跳一跳地疼，靴子里面也湿漉漉的。

第一天终于按计划走完了 10000 米。同学们浑身都像散了架子一样，再也不像出发前那样叽叽喳喳说个不停了。

老师和随队医生给每位同学做身体检查。

"比尔，你的脚怎么了？干吗用手帕缠着？"

"没什么，老师。它只是起了两个水泡。"

"解开看看。"

比尔解开脚上的手帕，只见那两个水泡已经被磨破了，手帕上沾了斑斑血迹。更糟糕的是，连脚趾上也磨起了不少水泡。

医生把比尔脚上的伤口做了处理，用纱布缠好，并给了他两片止痛药。"能坚持住吗，小伙子？"

比尔坚定地回答："能！"

"好样的！"

第二天，有几位同学掉队了，西蒙尼也不想继续走下去了。比尔鼓励他，劝他继续走下去。

第三天赶上下小雨，同学们冒雨前行，有的穿上雨衣，有的撑起雨伞。路面泥泞，更增加了行走的困难。比尔的靴子里又灌进了雨水，走起路来哗哗直响。

他和爱德蒙手拉手，互相鼓励着前行，雨水和汗水在脸上流淌。比尔脚疼难忍，泪水在他眼里打转。到下午 4 时，同学们到了中途检查站。经检查发现，比尔脚上的伤口已经发炎了。

医生板起脸，说："不能让他再走下去了。"

他吓唬比尔说："小家伙，别逞能了。你的脚伤发炎了，不赶快去治疗弄不好会截肢的。"

比尔有些害怕了，说："我不相信。"

老师说："这样吧，我给你母亲打电话，让她来告诉你，你的脚伤有多么严重。"

比尔的母亲很快就开车来了，终于劝说比尔回家去了。

回家途中，比尔流着泪把自己的靴子扔到车窗外，说："都是这双破靴子，害得我成了失败者。"

母亲劝道："比尔，别这样说。你没有失败，你克服困难的精神和勇气连医生和老师都十分敬佩。你有这种精神，谁都会相信你一定能走完全程，并一直走在最前面。"

西雅图的6月，是个多雨的季节。学校的童子军186队总是选择这样的季节出门远行，比尔总是一个狂热的参与者。

"比尔，你知道咱们这次出行的目标是哪里吗？"好朋友莱特问道。

"是去喀斯喀特山，听说那里山高路险、风景独特。"

"最好老天别下雨，不然咱们可就遭殃了。"

队伍出发了。比尔照例又打旗走在队伍的最前面。真是天有不测风云，一会儿工夫，乌云就聚成黑压压的一片，大雨就要来了。

带队的老师问道："勇敢的童子军战士们，前面就是喀斯喀特山。你们是想就地躲雨，还是准备继续前进？"

童子军小战士们异口同声地回答："继续前进。"

"考验你们的时候到了，前进！"

登山的土路泥泞不堪，踩上去又滑又软。

莱特在身后喊："比尔，我来帮你扛旗吧！"

"不，我要把它插在喀斯喀特山的顶峰。"

"比尔，你的靴子都浸了水，浑身都找不出一条干布丝了。"

"你不也一样吗？莱特，我们都成了落汤鸡！"

雨越下越大，队伍不得不停下来休息。然而，很多帐篷根本不能在风雨中支起来，同学们只得蜷缩在几块塑料布下避雨。

"比尔，快进来躲一躲！"

"不，我要守护我们的大旗，一个军队的大旗绝不能倒下！"

"傻瓜，我们又不是真正的军队，干吗那么认真呢？"

"爸爸说了，来参加童子军就是为了锻炼吃苦精神！"

雨过天晴，队伍继续前进。因为受到比尔的鼓舞，同学们虽然浑身湿透了，但士气高涨。

童子军队伍行进到一座吊桥前。吊桥很高，离海面足有四五米，人走在桥上晃晃悠悠。

很多同学小心翼翼地爬上吊桥，抓住护栏向下望着。

"谁敢从这里跳下去？"不知谁喊了一声。

"我敢！"

同学们循声望去，只见比尔扛着队旗大步走上桥来。

莱特在后面大声叫道："比尔，不要去！危险！"

"童子军战士是不怕危险的。"

"老师！比尔要从这里跳下去！"莱特大声喊着带队老师。

这时，比尔大叫一声，已经扛着队旗跳了下去。几个同学失声大叫。比尔落入了海水中，便不见了踪影，只剩下黄色的队旗在海面上漂浮着。

莱特领着老师慌慌张张地跑了过来。

"老师，他在那里！"

海面上突然冒出了一个小脑袋，比尔正咧嘴笑着。

"太过瘾啦！谁还要下来呀？"

"噢——"岸上的同学一阵欢呼。

当比尔爬上岸时，老师十分严厉地批评他说："比尔，你这样做太危险了。"

"真正的童子军战士是不怕危险的。"

"你这种勇敢精神值得表扬，但不能盲目地去冒险，懂吗？真正的战士作战时，是要讲策略的，不能做无谓的牺牲！"

"是！长官，我懂了，要讲策略，不盲目冒险！"比尔顽皮地行了个军礼。

被父亲一杯水泼醒

比尔的妹妹莉比出生以后，母亲就不得不以照顾莉比为主，她自己又有好些事情在忙，因此似乎对比尔疏忽了。

"别担心，"比尔的父亲安慰母亲说，"凯蒂老师不是说，只要我们能协助比尔找到他真正感兴趣的领域，激发他的潜能就好了吗？我会找他谈一谈的。"

老盖茨想到，比尔曾跟他说过有一个关于经济学报告的事情，想征询他的意见。老盖茨心想，这就是一个很好的话题。

一天晚饭后，老盖茨特地来到比尔的房间。

"比尔，前两天你说有一个关于经济学的报告要问我，现在你有时间吗？也许我们可以谈一谈。"

正躺在床上看小说的比尔听父亲一说，马上把小说一放，从床上跳下来，从书桌上抽出几张活页纸，找出一支笔，然后一本正经地坐下来。

校长乔治·瑞尔先生在班上讲了一些经济学方面的课程，比尔对此很有兴趣。

前几天，瑞尔先生交代每个学生下周都要交一份有关投资的报告，虽然时间还早，但因为比尔觉得这个功课很有趣，就急着想早早把它写完。

"这只是一份草稿，我想请你帮我看一下。"比尔把那几张有点皱巴巴的活页纸递给了父亲。

父亲接过一看，是"盖氏家族的投资计划"。

比尔说："我想请你当我的法律顾问。"

父亲问："我先考考你，什么叫作'投资'？"

"简单地说，'投资'就是一种用钱的方式。用钱的方式有很多，但是'投资'是要把钱用在最有机会变出更多钱的地方。"

"不错，观点很清楚。"

"我敢打赌姐姐克丽丝蒂一定不敢投资，她一定更想把钱存在银行里。她是个胆小鬼。"

"别这么说你姐姐。现在，让我先来研究一下你的这份报告，然后再决定要不要接受当你的法律顾问。"

在报告中，比尔将自己当作一个发明家，拥有一套全新的医疗设备，他要把这个产品大量生产，行销至整个西雅图，再把赚来的钱用来照顾那些孤苦无依的病人……

父亲看完报告，比尔迫不及待地问："怎么样？你觉得如何？"

"简直是太好了！比我想象中的还要好！这真的是你自己一个人写的？"

"当然！"

令父亲高兴的不仅是比尔小小年纪就已经对"投资"、"资金筹措"、"公司组织"等概念都有了相当正确的认识，更难能可贵的是，比尔对自己充满了信心。

比尔用来作为这份报告结尾的那句话是：

只要能筹措到足够的资金，并且请到优秀的人来帮我做事，我一定会成功！

虽然儿时的比尔很多时候都让家人为他感到骄傲，但是他的暴躁脾气也让家人很头疼。

那年比尔 12 岁，一天晚饭时，比尔听到妈妈玛丽又在晚餐桌上开始唠叨了："比尔，真是难以想象，你的房间乱成什么样子了！我真不知道你什么时候才能像你的姐姐和妹妹一样把房间整理得干净利落。"

"哦，妈妈，我没有时间打扫屋子，我想把更多的时间花在看书上。"比尔答道。

"你花费在看书上的时间已经够多了。记得下次叫你吃饭的时候要及时来，不要拖拖拉拉让大家等你。"玛丽听到儿子又把看书作为理由，不免有点恼火。

"你们没必要等我，我饿了自然会吃东西的。"比尔继续嘴硬。

"还有，跟你说过很多次了，看书的时候不要总是用牙咬铅笔，你总是改不了这个坏毛病。就算是看书，你也不应该总把自己关在屋子里，这样下去你会被排斥在集体之外的。你已经懂事了，要学会怎样和别人交往。好了，下个星期我们的家庭要请很多客人来，你要在门口迎接客人并且担当服务生的角色。我想你会从中得到锻炼的。"

和所有的母亲一样，玛丽习惯性地在吃饭前教导孩子。

此时的比尔已经按捺不住心中的不满了，他声嘶力竭地冲着妈妈玛丽大声喊叫："为什么每次总是我做得不对？我已经长大了，不再是小孩子了。我的事情我自己可以处理好，请你们不要再来管我。到底谁才是决定我人生的主人？是谁？"

比尔的话还没有说完，一杯冷水猛地冲他泼过来，比尔一个激灵，声音戛然而止。

"够了！不管谁是决定你人生的主人，你要知道，她是你的妈妈！"老盖茨在一边大声地冲着儿子喊道。

坐在桌旁的大女儿克里斯蒂和小女儿莉比吓得目瞪口呆，她们很少见到父亲如此生气。看来，一向好脾气的老盖茨终于压制不住心中的怒火了。

比尔愣了一下，随后平静地对父亲说："感谢您为我洗澡。"

至此，这场家庭纠纷总算平静下来。

事实上，这场争吵不是偶然发生的，而是日积月累的矛盾的爆发。由于当时老盖茨每天业务繁忙，关于儿女的教育与生活问题就都落在了玛丽的身上。作为一个出身良好的女人，玛丽对自己的儿女期望值很高，希望孩子们可以多方面发展，不仅在学习上要刻苦勤奋，还要多参加体育运动和各种乐器的学习。

玛丽还时常将大户人家的教养灌输给自己的儿女，比如着衣要整洁得体，做任何事都要守时，以及要具备优良的谈吐和社交能力。

大多数时候，比尔都能够听从母亲的这些教导。然而，随着比尔慢慢长大，他开始有些不满母亲的唠叨，玛丽对他的期待变成了双方摩擦的导火索。最终，母子之间的矛盾爆发，发生了这次的泼水事件。

后来，老盖茨和玛丽带着比尔去咨询心理医生。比尔向心理医生说："我想让父母知道，到底谁才是决定我人生的主人。"

心理医生给比尔父母的建议是，他们的儿子最终将赢得"独立战争"的胜利，他们最好减少对儿子生活的干涉。

明智的老盖茨同意了心理医生的建议。"毕竟时代不一样了。"老盖茨说道，"他没有必要像我们小时候那样需要在各方面都小心谨慎。"

他们认识到，家长总是以成年人的行为准则来约束孩子们，并企图掌控孩子们的全部行为，这只会助长孩子们叛逆的性格。于是，盖茨夫妇决定掀开养育孩子的重要一页：选择放手。

比尔后来说，从那个时候他就开始意识到，他不必再在父母面前证明他自己，他必须开始思考该做些什么来向世界证明自己。

对计算机一见钟情

11 岁的比尔在数学和自然科学方面已经遥遥领先于同龄人，他所就读的那所学校显然已不能满足他的求知欲，他需要一所新的学校以适应他的智力发展。

于是，比尔的父母将他转到了湖滨中学。

湖滨中学是一所专收男生的私立预科学校，学风浓厚，教学严谨，是西雅图收费最高的一所学校，可以说是一所贵族学校。每年大约有 300 名学生在湖滨中学就读，每期学费高达 5000 美元。

对比尔来说，湖滨中学简直是上帝的恩赐。湖滨中学是比尔的天才真正得以发芽、茁壮成长的摇篮。正因为有过像比尔这样的学生，它注定了要闻名全美国，乃至风光全世界。今天，人们普遍称其为"天才的学校"、"微软公司的摇篮"。现在，湖滨中学已经成为美国最有名的中学之一。

正是在湖滨中学，比尔做成了他人生的第一笔商业交易，创办了第一家盈利的公司。他和湖滨中学那一伙与他一样的计算机天才小子们结下了深厚友谊。也正是这些人率先加入了他日后所缔造的微软帝国。

1967 年，湖滨中学分成了两个学部，低学部包括七年级和八年级，高学部包括九年级至十二年级。那些从七年级开始就读并且通过湖滨中学严格考试直至毕业的学生被称为"职业选手"。比尔顺利地成为这样一名选手。

没过多久，学校里几乎每个学生都知道了比尔·盖茨的名字，知道这个名叫比尔·盖茨的学生是湖滨中学尖子中的尖子。

在湖滨中学，比尔和肯特·伊文斯的关系最为亲密。从七年级开始，他们就在一起，从来没有分开过。两个人的天赋都很高，而且都对数学怀有极大的热情，同时对计算机更是着魔，近乎狂热。

比尔在七年级学习，唯一的高分是"优减"，是在一个数学优等生班得的。在这个班上，比尔喜欢在黑板前面作解释，喜欢用左手在石板上涂鸦时前后使劲摇。

比尔一直都非常喜欢数学，在一次湖滨中学举行的数学测试中，他荣登第一名的宝座。后来，校委会在评定他的数学成绩时给了他一个 800 分的满分。

比尔在湖滨中学时，就开始学习华盛顿大学的数学课程。由于在数学方面一直领先，所以他没有在湖滨中学的数学课上花多少时间。即使他在读八年级时，其他学科都考得不尽理想，但他的数学却从没有考败过。

1968 年，当比尔在湖滨中学的第一年临近结束时，学校作出了一个对于比尔的未来具有重大意义的决定。当时，美国正致力于将卫星送上月球，由于计算机的飞速发展使得一种科技的狂热浪潮成为可能。湖滨中学毅然作出决定，让学生涉足这个崭新和令人兴奋的计算机世界。

那年秋天，比尔和他的伙伴们刚回到学校，就在学校麦克阿利斯特厅里发现一个机器，连带一个键盘和一大卷黄色纸。这个机器是 ASR 33 电传打字机，全世界的新闻编辑室都曾一度响过它那特有的"嗒嗒"声。

电传打字机是衰落中的机器时代和迅速兴起的信息时代的结合物。这个有噪音的笨重电子机械，包括一个键盘、一个打印机、一个纸带穿孔器和一个阅读器，还有一个调制解调器，那样就可以通过电话与外界联系了。

假如你按动键盘，电传打字机就会将大写字母打在一大卷 8.5 英寸宽的纸带上。你可以用穿孔器把你打的内容记录在一个薄卷纸带上，然后将它的内容变成声音，自动放送出来。但重要的东西是调制解调器，即两个"鼠耳"状环，它们紧卡在电话听筒上，使你与有时间共享计算机的人相互传输信息。

可想而知，计算机对有数学天赋的孩子会产生多么大的诱惑啊！比尔和伊文斯就是他们学校最先染上这种近乎奢侈爱好的两个学生。他们对计算机可以说是一见钟情，一接触它就爱上了它。计算机严密的逻辑和神奇的计算能力简直让这两个孩子着了魔。

湖滨中学成了当时美国最先开设计算机课程的学校。学校的计算机房对于比尔来说，已成了最具吸引力的地方。这台机器成了比尔通向新世界的一根脐带。

起初的电传打字机使用地区线路，拨号进入通用电器公司的分时系统，这个系统只提供 BASIC 语言。数学教师保罗·斯托克林带着优等班的 16 个学生进入麦克阿利斯特厅的小屋，用 10 多分钟按操作步骤进行一些讲解。保罗老师对计算机的知识也非常有限，这是他比孩子们懂得多的最后一次。

这事很快在校园数学尖子中传开，被称为计算机室的麦克阿利斯特厅小屋出现电子热。

个子矮小、脸上长着雀斑的八年级学生比尔很快挤进了高年级学生的圈子。比尔用一个星期就超过了老师所知道的所有计算机知识。

湖滨中学没有正式的计算机课程，一小批人只是通过费力地硬啃通用电气公司有关 BASIC 基础指南学会它的。这时候的 BASIC 版本尚未发展完全，缺乏几乎最简单的数学功能，对控制字符串也束手无策，程序长度也受限制。但是，这些缺点对正在摸索中的初学者来说，几乎没有影响。

有个高年级班学生操作 25 行的 BASIC 程序遇到麻烦，老师带他到计算机室，比尔立刻打出答案。

　　比尔把大量的时间花在了研究计算机上。不管什么时候，只要他有空余时间，他总会往湖滨中学的计算机室跑，全身心地投入到这台机器上，反复进行操作和练习。

　　在这里，比尔并不是唯一对计算机着迷的学生，他很快发现，还有其他一些人和他一样对计算机非常着迷，有事没事都往计算机室跑。他不得不和这些人一起共用这台计算机。

　　在这些人当中，有一个高学部的学生叫保罗·艾伦，他比比尔大两岁，说话细声柔气。这个人后来也成了美国计算机界大名鼎鼎的人物。

　　7年以后，这两个人创办了美国商业史上最成功、业绩辉煌的微软公司。比尔编写的第一个计算机程序是一种叫作"tick – tack – toe"的游戏。

　　他当时为一种月球着陆器游戏编写了一个程序，该游戏要求使用者在宇宙飞船上的燃料彻底耗尽和飞船在月球表面撞毁之前完成一个软着陆动作。

　　这个游戏被证明多少带有某种预见性，因为1969年7月20日，"阿波罗11号"宇宙飞船着陆器在月球表面着陆时，离燃料用完只有几秒钟的时间。当他编写程序的技能得到进一步提高时，比尔就让计算机玩申请专利的"垄断游戏"。

　　保罗和比尔不仅花了大量的时间一起在计算机室操作计算机，而且也用大量的时间来探讨有关未来计算机技术的问题。

　　后来，他们在计算机中心公司的计算机系统中发现了病毒。这对比尔和他的伙伴们来说是一个极具刺激性和挑战性的工作，同时也是一个广阔的探讨领域。

　　后来，他们把发现的问题逐一记录，汇编成册，命名为《问题报告书》。在6个月的时间中，这本《问题报告书》已增加至300多页了。

比尔和保罗不仅找到了病毒，而且也得到了一些资料，这些是对他们进一步了解计算机操作系统和软件有帮助的第一手资料。

保罗也曾经敦促过比尔收集那些已经没有用的数据资料。这样，保罗就能够去琢磨那些由白天上班的人留下来的、也许是极重要的资料。

尽管比尔、保罗和来自湖滨中学的其他小伙伴做了大量的工作，但计算机中心公司的兼容性软件在使用中还是不断出现问题，要指望所有这些病毒全部消失，还需等上整整几年的时间。

当计算机中心公司不再存在时，比尔和保罗在计算机方面的名气已远远超过当时著名的计算机程序编制员史蒂文·拉塞尔了。

在湖滨中学，比尔·盖茨与保罗·艾伦、肯特·伊文斯和另一个计算机爱好者理查德·韦兰德一起成立了湖滨程序小组。他们约定，比尔和伊文斯每人得到盈利的 4/11；保罗得到 1/11；韦兰德拿剩余的部分。韦兰德后来成为微软公司的第一批雇员。

繁忙的程序编制小组

　　1971 年初，湖滨中学程序编制小组揽到一项重要业务。波特兰市的信息科学公司想请一批人来为它的客户编写一份工资表程序，总裁汤姆·迈克雷林知道湖滨中学有一群小伙子在编写程序方面非常在行，就派人找到了保罗·艾伦。

　　保罗兴奋地跑进教室，大声叫他的好友韦兰德："告诉你一个好消息，信息科学公司想聘请我们为它编写工资表程序。"

　　"这真是一件令人高兴的事！我们赶快告诉比尔和伊文斯吧！"

　　"不，我想不需要他们，咱俩就可以完成这项工作。"

　　韦兰德建议道："可是……我们从来没有编写过什么工资表程序呀，怎么能够胜任这项工作呢？还是找比尔吧，这方面他很在行的。"

　　保罗考虑了一会，觉得这个建议很有道理。

　　"……好吧！那就让他们加入吧！"

　　他们找到了比尔和伊文斯。

　　比尔说："好！你们既然要我参加，那我就要统管这个项目。"

　　保罗三人答应了。因为编制工资单程序很麻烦，还要涉及税法、工资扣除法等法律和商业知识，没有比尔他们可干不了。

　　比尔统管这个项目后，与对方谈判，不愿意按工时收费，而提出按版权协议或项目产品利润收费。

　　谈判结果，他们获得了这个公司使用这个程序所获利润的 10%。

　　这家公司后来经销这个软件时，也按法律规定向他们支付版权费，另外还给了他们大约相当于 10000 美元的计算机使用时间。

　　保罗三人真服了比尔，他年纪这么小，就知道按版权抽取利润，而且是同一家大公司打交道。

比尔在饭桌上一说这件事，姐姐就说："你别炫耀了，你的法律知识和商贸知识当然是受爸爸的影响。不然，你怎么会想到和人家谈版权费呀?!"

比尔说："是又怎么样，不管我从哪里学到的知识，成功才是最重要的。"

1971 年 6 月，湖滨中学第一次开始招收女生入校。由于学校的学生人数暴增，公共教室的空间明显不够用了。校长打算设计一个课程表的程序，以解决全校多名学生由于课程不同而造成的课堂人数悬殊问题。

如果照往常一样由人工解决这件事情，将会十分复杂费时，而且容易出错。校长想到了那个在学校有着"电脑狂人"称号的比尔·盖茨。

但是，比尔却委婉地拒绝了这一重托，原因是一年来他总在考虑一个问题：今后是否继续同计算机打交道，程序编制是否会成为他的终身事业。

但是命运仍然鬼使神差地使比尔在这条道路上走下去。由于比尔的拒绝，学校只好把这项任务交给一位新来的数学老师，但这位老师却不幸死于空难。

学校又同比尔和他的朋友伊文斯商量，希望他们接下这个工作。不幸的是伊文斯也在一个星期之后在一次登山探险时丧生。比尔痛失密友，他并

不相信接受这项任务的两个人相继死亡是一种凶兆，便去向刚刚从学校毕业不久的好友保罗求助，希望同他一道来完成这个任务。

那年夏天，比尔和保罗用一种公式翻译程序语言来编制这个课程表。他们有信息科学公司的计算机可以使用，学校为他们支付了全部上机费。随着工作的顺利进展，比尔逐渐从痛苦中解脱出来。

后来在对这个程序做进一步加工改进时，他那爱玩的天性再次失去控制。他说："我偷偷地加了一些指令，使得我是班上几乎唯一周围坐满了漂亮女生的男孩。"

虽然如此，比尔和保罗编制的课程安排程序仍然令学校非常满意，并一直使用到现在，只是做过一点修改和调整。学生们就更欢迎这个新的安排了，因为按这个安排，高年级的学生每周星期二下午无课。许多人穿上 T 恤衫，背上印着"周二俱乐部"几个大字，以表达他们的喜悦和对比尔的感激之情。

抓"虫"带来的惩罚

不久，湖滨中学因为经费的原因，不得不停止了计算机的使用，因为在当时使用计算机实在是太费钱了。这使比尔和保罗陷入了无尽的苦恼之中。

有一天，保罗说："我听说有一家公司可以提供计算机使用，但是要给他们抓'臭虫'。"

"那太好了，抓'臭虫'不正是我们的拿手好戏吗？"比尔大声叫了起来。

"臭虫"其实就是计算机程序的错误。原来人们在使用计算机的时候，发现程序经常出现错误，后来找到了原因，是有"臭虫"在作怪，像是染上了病。

比尔和保罗马上来到这个叫作"计算机中心"的公司。

"你们有编制计算机程序的本事？"公司的工程师认为眼前这两个毛头小子不过是说大话而已。

"我们是湖滨中学程序编制小组的。"比尔和保罗开始大谈软件编制的方法。在场的人立刻对这两个中学生另眼相看了。

"我们可以和你们签下合同。"公司经理说话了。合同规定：比尔和保罗可以使用该公司的计算机，但必须向公司提交软件程序错误清单和有关情况的报告。

于是，每天晚上比尔和保罗都准时来到计算机房，聚精会神地研究软件程序。不久，公司的记录簿上写满了密密麻麻有关"臭虫"的记录，而他们对计算机的奥妙也有了更深的了解。

比尔的父母不知道他去计算机中心编制程序的事，比尔每天很晚才回家，然后悄悄地溜进自己的屋子里，从来没让父母觉察到，他们还以为他早就入睡了呢。

几个星期之后，计算机中心公司对这台 POP－10 型计算机的检验完成了。经理把比尔和保罗叫到办公室，对他们说："你们回家去吧！"

比尔小心翼翼地问道："我们不可以再继续为公司工作了吗？"

"软件的检验工作结束了，我们之间的合同也结束了。"

"那我们可以再继续使用公司的计算机吗？"

"这可需要按时付费了。不过，看在我们曾经很好合作过的情分上，我每次可以少收你们半个小时的费用。"

"好吧。不过即使这样，我们恐怕也很难负担得起。"

"唉，没有办法，公司也需要赚钱，大家也要吃饭的。我能帮助你们做的，只能是这些了。"

回学校的路上，两位伙伴一声不响。

"等着瞧吧！我们在这儿干了这么长时间，计算机内的很多内容还不知道呢。我们可以……"比尔突然向伙伴低声耳语。

第二天晚上，两个人又按时来到了公司。

"你们又来干什么？这里已经不需要你们了。"经理看到他们，有些奇怪地问。

"我们还有几个问题没有解决，需要再用一用计算机。"比尔从容不迫地回答。

"现在需要按时付费。"

"我们会的。"保罗走上前，掏出 50 美元放在桌子上，"可以先预付你一些。"

在里间的计算机房里，比尔双手紧张地在键盘上敲击着。

"我们能破解它的防护系统密码吗？"保罗有些不放心。

"一定能，就快完成了。"比尔轻声地回答。

经理正在专心地读自己的杂志，他以为这两个中学生只是过于痴迷计算机，并没有想到他们正在破解计算机的防护系统。

"成功了！"比尔轻声说道，话语中带着难以抑制的兴奋。

比尔终于破解了防护系统的密码。他们可以随意使用允许范围之外的信息资料了，那种激动和兴奋简直难以言表。

几天后，比尔被叫到校长办公室。

他一进来，就看见"计算机中心公司"的那个经理坐在沙发上，还有保罗、韦兰德、伊文斯也来了，站在那里低头不语。

比尔知道他"捣蛋"的事情一定败露了，心里紧张得"咚咚"直跳。

校长见比尔进来，就说："好了，你们几个人到齐了。今天你们知道我为什么把你们邀请来吗？"

保罗抬头瞟了那个经理一眼，说："也许，是为了我们与这位先生的公司之间的……有些事吧？"他说得吞吞吐吐，脸也红到了脖子根。

校长说："谁能把事情的经过详细地告诉我？"

说着，目光扫过保罗、韦兰德、伊文斯，最后停留在比尔脸上，又说："比尔，你能告诉我吗？"

比尔推了下眼镜，又搔了搔头发，说："事情是这样的，我们和计算机中心公司签了合同，内容是……"

那位经理打断他的话，说："你就说你们是怎么在我们的计算机上搞鬼的。是你们几个人干的，还是其中一个人干的？我已经把后果对校长先生讲了，虽然极为严重，但如果你们认罪态度好，我们可以考虑不追究你们的法律责任。"

比尔镇静一下，说："是我一个人干的，与他们几个人无关。"

他顿了顿，又老实交代道："你们都知道，在使用 POP – 10 型计算机之前，要先输入使用者的姓名和密码，然后才能在允许的范围内调用存储的信息资料……"他停下来，看了校长一眼。

经理催促地说："没错，接着说。"

比尔说："我在使用计算机时就琢磨怎么揭开密码防护系统的秘密，然后越过这个系统，随意使用允许范围之外的信息资料……"

校长插进一句："于是你成功了，就随意胡来，进行捣蛋吗？"

比尔又搔了搔头发，说："是的。我先调出一个玩国际象棋的程序，玩了一半，把剩下的一半留到学校终端机上去玩……另外，我还调出了他们公司的存档文件，找到了我们个人账单，对上面记录的使用计算机时间进行了修改……"

那经理生气地又打断他，说："这些都是小事，我们可以容忍。可由于你的捣蛋，破坏了计算机的安全系统，几次造成计算机整个系统的崩溃，严重影响了客户对我们公司的信任，给我们公司造成很大的经济损失。"

比尔忙说："我向贵公司表示深深的歉意。我知道赔偿不起贵公司的损失，如果你们同意，我可以白为你们干活，再多干几个月也没关系……"

"行了，我的小专家，再让你碰我们的计算机，说不定你又会惹出多大的祸呢！"

校长忙说："经理先生，您就原谅这几个孩子吧！他们的出发点就是想多些上机时间，他们太爱计算机了。"

经理说："比尔，对不起，从今后请不要到我们公司去了。"

比尔咬住嘴唇，忍着不让泪水流下来。

建立交通数据公司

1972 年夏天，已经在华盛顿州立大学计算机专业就读了一年的保罗拿了一篇文章给比尔看。那是发表在电子学杂志上的一篇短文，介绍一家叫作英特尔的新公司推出的一种 8008 微处理芯片。

英特尔公司创建于 1968 年，主要为计算器生产集成电路。1969 年，它开发了 4004 微处理器。4004 微处理器虽然已经取代了早些时候耗电量大、占地量大的晶体管器件，但它的功能仍然十分有限，只能用于家用电器的简单控制。8008 微处理器是 1971 年开发成功的。这篇文章称 8008 芯片适合于"任何计算、控制或决策系统，有如一个灵巧的终端"。

保罗对计算机硬件的了解比比尔多，他注意到了这个微处理器的潜在意义。比尔说，就连文章的作者都"还没有看出一个微处理器可以发展成为一个具备通用目的的计算机"，只说它"有如一个灵巧的终端"。但是，8008 微处理器处理信息的能力并不强大，正如比尔所言，它"慢而有限"，"被认为仅是一头可供使唤的牲畜，总是进行那种简单的一成不变的工作。它在电梯和计算器中用得很普遍。"

比尔说："从另一个角度来看，一个用于像电梯控制这种应用范围有限的简单的微处理器，实际上有如一位业余爱好者手中的一件简单的乐器：一面鼓或一支喇叭，只适合于基本的节奏，或者简单的曲调。然而，具有编程语言的功能强大的微处理器，却如同一个配合默契的管弦乐队，只要乐曲适宜，它什么都能演奏。"

比尔和保罗想进一步了解 8008 微处理器的详细情况，便打电话给英特尔公司索要一本该芯片的使用手册。公司满足了他们的愿望。

但是，当他们研究了这本手册之后却深感失望——他们本来以为可以像为 POP－8 型计算机编写 BASIC 语言一样，也能编写在这块芯片上运行的 BASIC 语言，却发觉 8008 微处理器的结构太简单、太不精密，完全不足以胜任复杂的运算。不过，他们还是找到了这块小芯片的用场。

夏天的一个傍晚，比尔和保罗漫步在西雅图的街头。保罗利用暑假回到自己的母校，看一看昔日的校园和好友。

比尔被一根横穿马路的橡皮管子吸引住了，蹲下来仔细地观察着。

"这根管子是做什么用的？"

保罗看了看说："这是市政当局用来统计汽车流量的。这根橡皮管子同一个金属盒子相连。这个系统配有一种 16 个打孔的纸带，功能是原来用于老式电传打字机 8 孔纸带宽度的两倍。每次汽车通过橡皮管，机器就以二进制的两个数字'0'和'1'把车次的记录打在纸带上，这些数字反映了时间和流量。"

"那有什么作用呢？"

"市政当局雇用了一些私人公司来把这些原始的数据变成有用的资料，便于市政工程师们利用。比如，确定最佳的交通管理方法，安排交通红绿灯的时间长短，等等。"

"我有一个想法……"

"你是想开发这类软件？"

"是的。我们可以搞一个软件，可以更科学地统计出交通流量。"

"能赚钱吗？"

"不管能不能赚钱，这个工作很有实际意义，可以给很多人带来好处。"

"好吧，我支持你。"

比尔感激地望了好友一眼，继续阐述自己的设想。"我们可以办一家自己的公司，就叫作‘交通数据公司’吧，这样有利于我们推销自己的软件。成立公司，需要有一台自己的计算机。”

“我俩恐怕买不起一台计算机。”

“是啊。”比尔在街边踱着，突然停下来问：“你可以出多少钱？”

“大约 160 美元吧！”

“我还有 200 美元。”

“360 美元就能办公司吗？未免太少了点吧？”保罗有些担心。

“让我来想办法。”

比尔用这笔钱买了一台据说是第一个通过经销商销售的 8008 微处理器，并用延期付款的办法聘请了一位工程师来帮助自己设计硬件。

“等我们赚到钱，一定会加倍付给你报酬的。”比尔对这位工程师许诺。

经过七拼八凑，他们最终搞出了自己的机器，在外观上同别的计算机倒没有什么太大差别。

软件很顺利地搞出来了。比尔通过父母的关系，找到了一位主管交通的市政官员，向他推销自己的产品。

“这套软件可以更准确地测试出交通流量，并进行系统的科学分析，能够得出最佳的控制方法。又方便，又快捷。比如……”比尔一边说，一边在键盘上演示给他们看，母亲和那位市政官员在一旁看他操作。

在 1972 年至 1973 年的一学年中，比尔和保罗经营这个小公司，从订户那里赚到了 20000 美元。

在温哥华有一家国防用品公司，同国防部门签订了一项合同，要用 POP－10 型计算机来监测和控制西北地区太平洋沿岸水库的计算机系统，控制水库的发电量，以使其电力的供需平衡。

由于这家公司使用的 POP－10 型计算机软件中程序出现许多错

误，工作无法进行，与国防部门签订的合同难以如期完成，眼看就要违约。

公司的老板急得直冒汗，只好向世界各地寻求能人，指望有专家能为他们解决计算机上的难题。

这时，公司有个技术员发现了西雅图市计算机中心公司的一本报告书，其中有一长串 POP – 10 型计算机软件的程序错误清单。是谁发现了 POP – 10 型计算机软件程序中这么多错误呢？

这个技术员终于发现，找出这些程序错误的高手之一名叫比尔·盖茨。

技术员急忙向公司业务经理诺顿报告："经理，好消息呀。我发现一个计算机方面的高手，他就在西雅图。我相信他完全有能力解决我们计算机上存在的问题。"

业务经理一听，喜出望外，忙说："那还等什么呢！快去通知他来面试，我们公司可以聘用他。"

一天，比尔接到国防用品公司的人打来的电话。几分钟之后，比尔接通了华盛顿州立大学的电话，他想找保罗说话，告诉好友他刚获得的新消息。

保罗刚来接电话，比尔便用急促的语气说，国防用品公司想要他俩尽快南下，去凡库佛接受面试。

"保罗，这下我们两个人终于能够挣到真正的钱了，大好机会呀！"他兴奋地对着话筒大声地喊道，"我们一定得干！"

面试那天，比尔·盖茨和保罗·艾伦特意打扮得漂亮些，以便显得更成熟一点。他们两个穿上了自己最好的西装和皮鞋，打上了领带，每人腋下夹着一个公文包，走进了国防用品公司的大楼。

"我们是湖滨编制组的。"

"你们是给老师送资料的吧？我是想请他们今天来面试的。"

"我们就是来参加面试的。"

"你们……还是学生吧?"诺顿大惑不解。

"我是大一学生,他还在读高中,但我们是湖滨程序编制组的发起者和创办者。"

"那么交通数据公司和逻辑模拟设备公司呢?"

"看来您对我们还是有一定的了解,但了解得还不够。这两个公司都是由我们创办的,并且公司的大部分业务都是由我们完成的。"比尔侃侃而谈。

"谁是比尔·盖茨?"

"我就是。这位是保罗·艾伦。"

诺顿重新打量了一下两个人,点了点头。

"早就听说你们的名字,以及你们做出的成绩,但是没有想到会是这么年轻的两个学生。"

他又有些怀疑地问:"那些软件系统真的是你们自己独立完成的吗?"

"当然是啦!如果您怀疑我们的工作能力,可以现场考核我们的实际工作能力,看能否胜任贵公司的工作。"比尔知道,只有在计算机上才能真正体现他们两人的价值。

"我认为这是一个好主意。"诺顿点了点头。其实他早想这样做了。

在计算机房里,比尔和保罗熟练地操作着计算机,并不断地挑出程序中的错误,并予以改正。

公司马上录用了比尔和保罗,给他们的待遇是每周薪金 165 美元。

然后他们在温哥华租了一套公寓住了下来,开始埋头苦干。

保罗潜心修复被破坏的系统;比尔集中精力做数据的编码工作,成了名副其实的计算机程序员。

比尔和保罗苦干 3 个月,终于帮助国防用品公司如期完成了合同规定的任务。他们通过这次打工，虽然挣的钱不多，却获得了很大的自信。

一天，老师走进了教室，公布计算机课的考试成绩。

"比尔·盖茨的计算机课考试成绩——"他看了比尔一眼，接着说："他得了个 B！"

比尔低下头，心里说：怎么会呢？太丢人了！

又听老师说："同学们都知道，比尔·盖茨在我们班、我们学校，计算机才能最突出。这次得了 B 并不是他考试成绩不佳，他实际上考了第一名。但是他从来不去听计算机课，虽然他已经会了，但是这是学习态度问题，在学习态度这条标准中被扣了分。"

下课时，一个同学问比尔："快毕业了，你对未来有什么打算？"

比尔说："考大学，这是我家的意思，让我考哈佛。"

一个同学问："那你想丢开计算机吗？"

比尔笑了笑，说："也许不会。我还想靠计算机知识挣钱呢！你们记住我的话，我要在 25 岁时挣来我一生的头一个 100 万！"

初创微软公司

公平不是总存在的，在生活学习的各个方面总有一些不能如意的地方，但只要适应它，并贯彻始终，总能收到意想不到的成效。

——比尔·盖茨

考取哈佛大学

1973 年夏天，比尔以全国资优学生的身份，进入了梦寐以求的哈佛大学。这个日后哈佛校史上最著名的辍学学生在来到哈佛之前曾经还一度为自己的成绩惴惴不安。许多年后他依然记得，当时参加完大学入学考试之后心情非常紧张，因为志愿所填报的哈佛等 3 所大学都是很难进的。比尔的担忧并非空穴来风。

哈佛此时早已名声在外。哈佛一向以治学严谨闻名于世，其中不乏超凡脱俗的治校者。比如，有一任校长尊重培养学生个性特长和兴趣爱好，不受制于传统说教、更不文过饰非的务实开拓创新精神，让这方崇尚"与柏拉图为友，与亚里士多德为友，更要与真理为友"的圣土成为了美国顶尖科学家和领袖人物的摇篮。

数不清的社会精英从这个校园里走出：7 位美国总统、12 位副总统，33 位普利策奖获得者、37 位诺贝尔奖获得者，数十位跨国公司的总裁、10 多位最高法院大法官以及众多的国会议员，在全美 500 家最大的财团中有 2/3 的决策经理毕业于哈佛商学院……

比尔的父母从来不以为比尔·盖茨对计算机的迷恋是一件认真的事情，在他们看来，这不过是儿时的玩乐罢了。他们一直希望比尔继承父业，最终做一名体面的律师。比尔进入哈佛，对他们来说，实在是太好不过了，他们的一块心病终于消除。比尔当时也有过做律师的想法，虽然他最喜欢的学科是抽象数学和经济学。同时，他还认为到了哈佛大学可以向许多比他更有才华的学生学习。

哈佛大学无疑是个人才荟萃之地，是享誉世界的资深学府，能进入这所世人瞩目的学校深造，实在不是谁都可以得到的机会。

但是比尔发现自己人虽然已经到了哈佛，可心却仍然留在计算机上。所幸的是哈佛的教学比较灵活，他在读本科的时候，除经济、历史、文学、心理学等必修课之外，还选修了数学、物理学和计算机等课程。并且学校允许学生同时攻读研究生课程。

比尔进大学后也获得批准同时攻读本科和研究生课程。他对法律以及一些学科实在没有多大兴趣，抱着无所谓的态度，可是每次考试成绩也不算差。据说有一次考希腊文学时，他竟酣然入睡。监考老师以为他是在潜心思考，可是见他过了半小时仍一动不动，才把他从梦中叫醒。他匆忙答卷，差点没来得及把题做完，但结果居然得了一个"B"，他为此得意非凡。对比尔·盖茨来说，在课堂上打瞌睡其实并非偶然。不过他绝不是嗜睡之徒，他可以三天三夜不合眼，一有事情要做就一气呵成，完全把时间概念置之度外。一旦睡起觉来也毫不含糊，随便在什么地方抓条毛毯往头上一蒙，顷刻就能进入梦乡。

哈佛大学计算机中心的计算机可多了。如果说在这所大学里有什么东西真正使比尔·盖茨获得满足的话，那就是这个计算机中心。这里不仅有比尔·盖茨最熟悉的POP－10型机，还有其他各种型号的机种。比尔·盖茨自然成了这个中心的常客，一有空就钻进里面玩计算机游戏，不到深夜不愿意离开。当然，这样玩计算机是相当消耗精力的，但比尔也并不完全沉迷于其中。他常常和朋友一道玩别的游戏，一起跳摇滚。比尔对和女孩子交往似乎没有多大兴趣，他在这方面与他的许多同学很不一样。他似乎确实同一个名叫卡洛琳·格洛伊德的姑娘有过交往，那是他父亲同事的女儿。

卡洛琳很快就发现比尔对女人没有什么吸引力，他同她们的交谈中，除了谈计算机考试方面的事情似乎就没有别的内容。比尔也不好交际，同姑娘们在一起便感到无趣，但他更愿意同年长的人打牌。

卡洛琳觉得她同比尔之间没有什么共同爱好，甚至怀疑比尔有心理障碍，便只好同他分手。不过许多年后，卡洛琳对比尔的看法有了变化，认为他只不过是不愿意在他不感兴趣的事情上浪费时间罢了。

决不屈居第二

　　住在同一宿舍的学生中，有一个叫史蒂夫·鲍默尔的。他和比尔都有一个毛病，喜欢彻夜交谈。比尔玩牌到深夜回房间，总要同鲍默尔"交换信息"，激烈地讨论各种问题。这个鲍默尔也同比尔一样，"都竭力想把上课时间降到最低限度，同时又能得到高分"。

　　比尔说："他和我都很少把精力集中在我们的课程上，只是到了临考时，才把关键的书本找来狠狠地啃上一通。我和史蒂夫都曾攻读过一门艰深的经济学课程，即2010年的经济学——那是研究生水平的课程。任课的教授允许大家把全部成绩押在期末考试上，所以我和史蒂夫整个学期都干别的事情去了。直至考前一周，我们才把这门从未涉足的功课拿来猛背几天，结果都拿了'优'。"

　　这种作风在一定的情况下或许是奏效的，但是到了真正做起事情来，就不是那么回事了。比尔回忆说："然而，我和保罗创建微软公司之后，却发现对于开办公司来说，这种拖拉作风并不是一个好兆头。微软公司的首批客户是日本的一些公司。他们办事有板有眼，一丝不苟。我们只要比计划落后一点，他们就会立刻派人坐飞机来关照我们，像看管不懂事的小孩一样。

　　"他们知道他们派来的人不会起什么作用，但是那些人会在我们的办公室里一天蹲上18个小时，一个劲向我们表明他们是如何在意此事。这些家伙真是认真得很！他们会问：'为什么原定的时间表改变了？我们需要你们解释。我们要知道此事发生的根源。'现在，我们对被迫拖延某些项目的现象仍然感到十分痛心。我们也在不断改进我们的办事作风。有时候我们仍然要拖延某些项目，但是已经比过去好多了。这都得归功于那些严格细心的保姆们。"

比尔喜欢数学，同学们都觉得他能成为一名数学家，而不是一名律师。他在数学这方面显示出了特殊的天赋。但是在每次上数学课时，他的表现却有些奇特。据他的同学亨利·莱特说："他坐在教室里，课桌上连一个笔记本也没有，只用两手抱住脑袋，样子显得十分厌倦。他看老师在黑板上解题，过了半小时左右，便举手说：'老师，你有个地方不对，让我来给你说说。'这常常让老师窘得下不了台。

"他觉得给老师挑毛病是一种乐趣，似乎并不顾老师的面子。老师布置的练习题，他只做 20%，但那是有分量的 20%。他认为做那些一目了然的作业无异于浪费时间。每当我有问题解决不了的时候，便打电话同他谈上几分钟，他总能使我从复杂的数学难题中解脱出来。他真正是个人物。"

在哈佛大学，比尔在数学方面最得意的一次是提出了解决一个数学难题的方法。那是刊登在数学杂志上的难题：一个厨师做了一叠大小不同的煎饼，他要不断从上面拿起几个煎饼翻到下面，最后使煎饼按大小顺序排列，最小的煎饼在上面，最大的煎饼在下面。试问：假如这里有 N 个煎饼，厨师需要翻动多少次，才能完成这个排列？

数学教授克里斯托斯·潘帕莱米托说："这个问题看起来不难，做起来却很不容易。比尔说他知道一个办法可以解决这个问题，而且这个办法比其他人的都要好。他对自己这个办法作了很详尽的解释，我耐心听完了。"

他把比尔的方法记录下来，并发表在 1979 年的一期《非线性数学》杂志上。比尔的这个解法使这一难题取得了突破性进展，其影响至少可以在数学界持续 15 年。比尔本来可以按照许多同学和老师的估计，向数学方面继续发展，可是他看见还有几个同学在这个方面比他技高一筹。而他素来有一条信条——在一切事情上决不屈居第二，因此放弃了专攻数学的打算。

对学业感到茫然

入学不到一年，比尔又开始为他和保罗的"交通数据公司"寻找业务。

他们指望他们的交通数据机器会在全国得到普及。保罗去过好几个州，向官员们游说，希望他们采用这项技术。他还去了加拿大。但是他们却发现并没有多少人想买他们的机器。后来，美国联邦政府决定向各市县政府免费提供这项服务，如此一来，就更没有人愿意再花钱让交通数据公司来解决问题了。

他们走投无路，甚至想把这个创立不久的公司卖给巴西的一家公司，但不巧那家公司恰好也陷入困境，自身难保，哪里还有心思来购买交通数据公司。

比尔和保罗并不死心，他们在电话中反复讨论公司的前途。保罗希望到波士顿来同比尔一起开拓未来，倾全力办好他们的公司。

比尔也一再考虑退学，同保罗共创未来。他知道父母不会同意他的想法，但他仍然反复向他们说明，他和保罗的想法是经过深思熟虑的，绝非一时心血来潮。

1974 年夏天，保罗居然开着他那辆老爷车从华盛顿州来到波士顿，在那里找了一份工作。他常常在晚上和周末到哈佛去看望比尔，同比尔热烈讨论创办计算机公司的计划。

他们收集资料，分析形势，越来越确信计算机已经面临一个进入千家万户的辉煌前景。这将引发一场新的技术革命，就如当年蒸汽机、汽车、飞机的发明一样，会使人类的生活方式发生不可预测的重大变化。

保罗反复强调"计算机必将大为普及"。既然清楚地认识到了这一点，如果不去领导这一技术革命的新潮流，就必然被时代抛弃。这真是一个千载难逢的机会。

机不可失，时不再来啊！他不断怂恿比尔："干吧，咱们创办一家计算机公司吧！"他反复强调，再不干就迟了，就贻误历史赋予的大好机会了，就会抱憾终生，甚至被后人责备。

他们打算先自己生产计算机。保罗·艾伦从小喜欢电子技术，会安装收音机，后来因为设计交通数据处理装置，对集成电路也颇有了解和研究。但是，要制造计算机就非同小可了，那是比一台收音机复杂百倍千倍的装置，而且投资额之大，也不是两个身无分文的年轻人所能筹措的。

保罗后来说："最后，我们还是认为搞硬件风险太大，不是闹着玩的。我俩的综合实力不是在硬件上，我们要搞的还是软件。用比尔的话说，那是计算机的灵魂。"他们只好放弃制造计算机的打算，而仍然利用他们的优势，搞软件开发。

但是，这个打算一时仍然没有付诸行动。因为：比尔没有从哈佛退学，他上了二年级；保罗则在波士顿一家公司工作。

比尔仍然对他的学业感到茫然，不知道如此继续下去，将来毕业之后会有什么结果。他一心想的依然是开办自己的计算机公司，把全部精力用在最喜欢最愿意下力气的事情上，同保罗在前途广阔的计算机软件开发领域里大显身手，一展宏图。

然而，他又不愿意违背父母的心愿，放弃在哈佛的学习。他常常陷入矛盾的心情之中不能自拔，在宿舍里一连几个小时面壁坐思，试图考虑出一个结果，下决心作出生活中一个极其重大的选择。但是，这样的沉思常常白费时间，他心里的矛盾无法得到消解。

他无意中恋上了牌局。这一年，他从集体大宿舍搬到了一间小宿舍，同住的只有一个同学安迪·布莱特曼。这间宿舍里配有烹饪用具，名叫"卡雷房"。

每天晚上，一群小伙子就聚集到"卡雷房"郑重其事地打牌赌钱，一个晚上的输赢在几百甚至上千美元。比尔·盖茨既然不能集中精力去搞计算机软件开发，自然就很容易将热情投入同样需要花费心思的玩牌游戏。

他起初技艺欠佳，频频失手。但是他天性好钻研，记忆力和分析力超群，而且具有一种坚韧不拔、事事认真的秉性，不久之后，就成了玩牌高手，牌瘾之大，完全不亚于他的计算机瘾。

比尔回忆起他玩牌赢钱的经历时不无得意地说："我牌打得不赖。医学院和商学院也有一伙人经常来玩，他们牌艺不高，我们就提高筹码，让他们输个精光，结果他们再也不来了。而我们那伙人一直坚持到最后。大家水平相当，也就没有多少输赢了。"

牌打得很厉害，有时可以持续一天一夜。尤其在输了钱的时候，比尔是绝不肯善罢甘休的。为了克制牌瘾，他曾把支票交给保罗保管，但是仍然无济于事，过了两天他又把支票要回来。于是，他认为不如干脆顺其自然。

比尔在他后来写的一本书里，就那个时候的生活回忆道："1973年秋，我进了哈佛。学校里有不少人故作姿态，松松垮垮，让人觉得他对一切漠然视之。因此，第一学年时，我也有意制定了一套行事策略：大多数课程逃课，到期末再猛学一阵。我是想看看我花最少的时间能得多高的分数。这不过是一种游戏，一种老把戏罢了。我把其他时间都拿来玩扑克，扑克对我有极大的魅力。玩牌时，你得了解各种情况：谁叫牌大胆，谁已经出过什么牌，谁叫牌和诈牌的方式如何等，然后把种种情况综合起来，再根据自己手上的牌决定出牌策略。我精于此道。"

革新 BASIC 语言

　　哈佛大学的机房是个管理极其严密的地方，几个管理员负责这里的一切。比尔是这里的常客。管理员催促着："比尔，该走了，下班的时间已经到了。你看，大家都去吃晚饭了。"

　　"谢谢，约克，谢谢你提醒我，我还真有点饿了呢！再等我5分钟，我马上就完成。"比尔说着，手指在键盘上飞快地舞动。

　　比尔没话找话地问："约克，你最喜欢吃什么东西呢？"

　　"什么都爱吃，特别是水果和奶酪。"

　　"我也是，可我最想吃的还是我妈妈做的小馅饼，又香又脆，味道美极了。"比尔瞟了约克一眼，"你听说过食人族的故事吗？"

　　"'食人族'长什么样子？真的吃人吗？"

　　"那当然，他们个个青面獠牙，两条粗壮的腿，跑起来比汽车还快。一次，一个'食人族'要吃一个姑娘，姑娘被吓得尿了裤子。食人族气恼地说：'唉！真糟糕，把汤弄洒了。'"

　　管理员被逗得哈哈大笑，突然他反应了过来，拍着比尔的脑袋。

　　"臭小子，又蒙我，总给我编些稀奇古怪的故事来拖延时间。行了，快走吧，又让你多玩了半个多小时。"

　　计算机专业的学生上课的时候，比尔悄悄地溜进了机房。

　　"那位同学，这是专业授课时间，请改日再来吧！"老师很快就认出了这个陌生的面孔。

　　"詹姆斯先生，我就是赶来上您的课的。"比尔诚恳地望着老师。

　　"很抱歉，我不教非专业的学生。"

　　"我的计算机水平跟专业的一样好，不信我给您演示一下。现在我正在设计计算机垒球的游戏规则，我需要一台精密的计算机。"

"我们的机器数量有限，本专业的同学也得轮流上机，很遗憾。不过我会关注你的计算机垒球的。"詹姆斯被比尔感动了。

一连几周，比尔都在潜心研究他的计算机垒球赛的 BASIC 程序。

一天，保罗又来看比尔。他知道比尔大多数课程都逃课，到了期末再猛学一阵，把节省下来的时间用来玩计算机和扑克。

保罗果然在比尔的寝室找到蒙头大睡的比尔。

"醒醒！大白天不去上课，却睡大觉！"

比尔醒了，打着哈欠，说："困死我了，有什么好消息要告诉我吗？"

保罗坐下来，说："哪有什么好消息等着你做梦能梦出来呢?!"

比尔赖在那里不起来，说："那你来干什么！还耽误我睡觉，我已经两天两夜没合眼了。"

"你玩计算机，玩得再疯有什么用！我们得想办法干一番事业，计算机肯定会大为普及……"

"行了，别给我上课了。我也知道计算机有光辉的前景，它将引发一场新的技术革命，甚至会像当年蒸汽机、汽车、飞机那样，使人类生活方式发生重大变化。可是，现在我们能做什么呢?"

"问题不是我们能做什么，是应该好好想一想我们想做什么。我们要搞计算机公司，这一点是肯定的，可怎么搞啊？是继续经营我们的小公司，还是另起炉灶?"

"要搞就另起炉灶。可是，我们肯定不能搞硬件，因为我们没那么多钱，而且风险也大。要搞只能搞软件，在软件上我们有优势。"

"我同意你的意见，可我们总得干起来呀。不能这么白白浪费时光，让别人抢了先呀！"

"我也想立即就干起来，可现在被陷在这里了。最大的问题是我不能违背父母的意愿。"

"你父母明知道你对法学不感兴趣，为什么还逼你？"

"他们也不逼我，而是对计算机的前景认识不足。他们甚至说，如果我确实不想当律师，可以当数学家。"

"对呀！你数学一直挺棒，而且你在数学上有特殊的天赋啊！"

"在湖滨时，我真有过当数学家的念头。可到哈佛后，特别是到二年级后，我发现有几个同学数学比我更好，我就放弃了专攻数学的念头。我不愿意屈居第二，干就干得最好，不然宁可不干！"

保罗说："比尔，你老是这样玩性不改，咱们的正经事怎么办？我都快急疯了！"

比尔笑了笑，说："有些事着急也没用。况且，我现在也只能这样打发时间，除非你有什么好计划让我干。"

保罗无奈地摇了摇头，说："天上能掉下好计划来吗？那得我们自己去创造！"保罗离去后，比尔起床，简单地洗漱，又精神十足地走向了牌桌……

1974年12月的一个清晨，保罗又穿越哈佛广场来看比尔。走到哈佛大学书报亭的时候，保罗突然停住了脚步，他被一本《大众电子》杂志吸引住了。原来这期杂志的封面上刊载了一台计算机的照片，它只有电烤箱那么大。

保罗赶紧买下了这本杂志，仔细地读了起来。这正是使用8080微处理器的计算机，叫阿尔塔，是艾德·罗伯茨开发的产品。可是因为没有软件，这台计算机不能运行。这就是世界上第一台微型计算机。保罗马上找到比尔，把这件事说给他听，两个人立刻决定打电话给罗伯茨。

比尔焦急地说："罗伯茨先生，我们是西雅图交通数据公司的代表，我们研究了《大众电子》上的那篇文章。我们已经开发了一种BASIC语言，它完全可以应用到你的计算机上。我们可以就这件事详细谈谈吗？"

罗伯茨一听就是小孩子的声音，他根本不相信比尔他们的话。

"小伙子，你不要再谈了，已经有 50 个人和我谈过类似的话，我都不会相信的。我只相信结果，如果谁能提供最成熟的语言，我就和谁合作。"罗伯茨简短地结束了通话。

比尔和保罗并没有灰心，他们又写一封长信，详细说明了他研制的成果，并再三保证这种 BASIC 语言完全可以在 8080 微处理器上使用，每套售价只要 0.05 美元。

罗伯茨收到后，激起了他的好奇心，于是按照信上的电话号码挂了个电话，但是电话号码是湖滨中学的，他们根本不知道这件事。罗伯茨认为这不过是有人开玩笑而已。

又过了几天，有人向罗伯茨说起了交通数据公司，罗伯茨便与他们取得联系。这真是值得庆幸，盖茨和保罗没有想到罗伯茨会找上门来。两个人决定利用哈佛大学实验室的计算机来模拟阿尔塔微处理器进行研究。4 个星期后，BASIC 语言的编写已基本完成，于是他们再次给罗伯茨打电话，说他们已经成功地在阿尔塔上应用了 BASIC。而实际上，他们从未见过阿尔塔计算机。

罗伯茨听到这个消息后，半信半疑，"如果是那样的话，你们就来我这里，给我演示一下。"罗伯茨和他们约定在 3 个星期后见面。

这一天，同罗伯茨约定的日子到了，比尔决定让保罗一个人去。比尔为了万无一失，仔细地把程序检查一遍，然后交给保罗。

在保罗的想象中，罗伯茨的办公室一定在市区的大厦里，宽敞明亮，气派豪华。可是他坐在罗伯茨的卡车里，拐来拐去，竟在一家洗衣店旁停了下来。

罗伯茨指着旁边的一个店铺说："这就是我的办公室。"这大大出乎保罗的意料，想不到阿尔塔这样一台微型计算机竟出自这里。

准备马上试验比尔用 BASIC 语言编制的第一套软件，那是模拟宇宙飞船在燃料用完之前在月球上着陆的程序。

比尔一向贪睡，可这天早晨却起得比别的同学都早，不声不响地走了。他来到校门口不远的那个啤酒屋，要了一杯啤酒和几块点心，慢慢地吃喝起来。他不时地瞟着吧台上的那部电话。

一杯啤酒刚喝光，同学鲍默尔探头探脑地走进来："嗨，你真跑这来啦？这些日子你怎么回事？总神神秘秘的，找你玩扑克也不玩！失恋了？还是害了单相思？""都不是……""今天你得告诉我，到底出了什么事。你不说，就不把我当哥们！"

比尔又看了电话机一眼，说："你请我喝啤酒，我就告诉你。"

鲍默尔又要了两杯啤酒。比尔说："我来是等个电话。你知道我的好朋友保罗吧？他昨天去了新墨西哥州的阿尔伯克基。我们约定今天上午他往这里打电话。"

"怎么不让他往学校打电话？"

"学校的电话太忙。况且，我们的事我也不想让更多的人知道。"

"到底什么事啊？"

"关于计算机方面的事。你不知道，阿尔伯克基的微型仪器遥测系统公司新生产出一种微型计算机，叫阿尔塔……"

"我不太懂计算机，你说得别那么专业。"

"简单说吧，这种微型计算机使用的是英特尔公司新推出的8080微处理器芯片。我和保罗早就预见到这种芯片适用微型计算机，就给一些大公司写信，建议他们生产微型计算机，我们可以为这种芯片编写一种新的 BASIC 语言。

"但我们的信件都没得到答复，没想到阿尔塔却问世了。我们在《大众电子》杂志上得知这一信息后，立即与生产阿尔塔的公司联系，提出为他们编写 BASIC 语言，因为阿尔塔使用的正是8080微处理器。

"那家公司老板让我们试试。于是，保罗在计算机上做出了阿尔塔处理器的模拟器，我开始编制 BASIC 语言程序。我们依靠的参考资料只有《大众电子》上的那篇文章，还有 8080 微处理器芯片详细说明书。

"我们苦干了 8 个星期，终于完成了。于是，昨天保罗带着我们编制的程序飞往阿尔伯克基。"

"我看你挺紧张，是不是怕你们的东西不行？"

"我心里真没底。因为我们没见过阿尔塔计算机，也没见过 8080 微处理器。鬼知道我们编制的程序对阿尔塔是不是好用。"

这时，电话机响了。胖老板娘接了电话，转身对比尔和鲍默尔问："你们谁叫比尔·盖茨，长途电话。"

比尔接过听筒，颤声问："怎么样？"

听筒里传来保罗激动的声音："比尔，我们成功了！你猜他们经理怎么说，他高喊着他们的机器终于成了有用的机器，而这多亏了我们的程序。他们已答应按我们的条件订购软件。"

"好极啦！"

比尔一听到这个消息，马上就意识到他编写的 BASIC 语言不仅可以使阿尔塔腾飞，而且对于整个计算机行业也具有革命性的意义。

由于比尔和保罗研制的软件使计算机进入了全新的实用领域，计算机就得到了迅速而普遍的推广，在很短的时间内由美国西北部蔓延到了全美国。人们争相购买这种计算机。不久，计算机热潮席卷了全世界。推动计算机革命的人物比尔·盖茨和保罗·艾伦，当时他们年龄分别不到 20 岁和 22 岁。

一天，保罗给比尔打来了电话。"比尔，罗伯茨打来电话，问我能不能为他的公司服务，他会提供职位和很高的工资。我答应了他。"

"这很好啊，是一个好机会。"

"那么你呢？"

"我？每天和同学们一起打扑克？！"比尔轻松地说。

"你怎么又玩起了扑克？！"保罗十分生气。

"其实，我心里时时刻刻在盘算着自己的前程。"

保罗接受了罗伯茨的邀请，于1975年5月到他的公司任软件部经理，专门负责开发软件。其实，他不过是个光杆司令——所谓软件部也就是他一个人而已。这个公司现在已经名扬四海，就像一块强大的磁铁，吸引着无数计算机爱好者，这些人做梦都在想着拥有一台个人计算机。

罗伯茨把这种庞然大物缩小成了可以放进书房的玩意，就使当时的美国人都希望率先掌握这种有可能领导新潮流的技术。罗伯茨的公司生意兴隆，忙着生产阿尔塔计算机。

比尔仍然回到哈佛大学念书、打牌，做他并无多大兴趣的事情。保罗动员比尔假期中也到这家公司继续改进BASIC语言。

比尔研制的BASIC语言经过无数次改进，已经达到了在当时看来相当可靠的水平，使用者一旦出错，它就会产生提示，告诉错误出在什么地方。另外，它不会像当时的许多软件一样，因为自身有错而导致死机。

一天，比尔和保罗像两个打了胜仗的将军，得意非凡地走进一家冷饮店。两个人一边吃着冰激凌，一边交谈着。

"比尔，我们还不能满足于目前这点成绩，还有许多事情要做。"

"是的，我也是这样想的。我还要把BASIC语言再检查几遍，其中有些小的程序错误，还要挑出来并改正它。"

"我先回霍尼韦尔，在那里可以一边工作，一边编制新程序，以便为将来做打算。"

比尔满怀喜悦地回到了宿舍，一头倒在了床上。

BASIC语言在阿尔塔上运行成功，给比尔很大的鼓舞。他感到哈佛大学的生活索然无味了，一个具有挑战性的全新领域在向他遥遥招手。

离开哈佛创建微软公司

比尔与保罗商定要办一家自己的软件公司，他们坚信靠出售他们的软件可以赚一笔大钱。

比尔面临选择：要么不办公司而继续在哈佛读书，要么办公司而告别哈佛。比尔经过再三思考，终于决定离开哈佛，立即投身计算机事业。

他的决定遭到了父母的强烈反对。母亲说："你这个决定太轻率了，我的儿子。你知道吗，哈佛的学位是多少人梦寐以求的啊?!"

父亲说："我觉得，你创办软件公司与完成学业并不矛盾。为什么不能等到毕业之后再去搞公司呢？比尔，我们对你的事情一直都非常支持，你是否能听我们一次呢？"

比尔说："爸爸，妈妈，对你们以前对我的支持，我一直心怀感激。这次不管你们是否答应我的决定，我仍然像以前那样爱你们，不会心存一点怨恨。因为我深知，你们完全是为了我好。但是，我想说，我对计算机前景的预见要比你们远一些，我知道一场席卷全球的计算机革命即将来临。我如果错过这一大好时机，将遗憾终生。我如果抓住了这个机会，也许就能取得无比辉煌的成就，从而使哈佛学位变得不值一提。"

母亲轻叹了一声，说："好吧，我的儿子。你可以说我们是计算机方面的外行。我们会找个内行来和你谈。我们知道，不说服你，而强迫你留在哈佛，对你的成长和发展是不利的。"

"我知道你母亲说的是谁了。她说的是受人尊敬的商业领袖斯托姆。你是了解斯托姆的，而且也十分尊敬他，他的话你总该听吧？"

"是的。你们不止一次对我谈起这位前辈。我知道他是一个白手起家的千万富翁，一位著名的慈善家。他靠电子业致富，也精通计算机技术。我想，他应该明了计算机的发展前景……"

比尔的父母没有想到，在斯托姆与比尔谈话之后，斯托姆竟被比尔说服了，反过来劝说他们支持比尔的决定。

1975年7月，比尔·盖茨和保罗·艾伦终于把他们的梦想变成了现实：他们在新墨西哥州的阿尔伯克基正式创建了微软公司。

"微软"二字是微型计算机和软件的缩写。

这个公司就其实质而言，并不是他们原来创建的那个交通数据公司，这两个公司在法律上也完全独立。

按照比尔和保罗当时的协定，微软公司的权益按个人投入的劳动分配，比例为：比尔60％，保罗40％。后来这个比例又调整到64％和36％。

公司成立后，比尔·盖茨找到了罗伯茨，想让他为微软公司销售BASIC软件。

"这很好办，"罗伯茨说，"我在销售的时候可以采取搭售的办法。谁买这套软件，就要买我的机器。不然的话，这软件的价钱可是很高的哟。"

罗伯茨自认为这个办法很好，不久却遭到了客户的极大反对。因为单买BASIC软件，价格比机器还贵。有些客户就采取了报复行动：他们设法复制BASIC语言软件，然后免费送给别人。

这样，罗伯茨就只能以比尔·盖茨和保罗·艾伦为他开发的BASIC软件作为拳头了。

比尔·盖茨看见了这种销售方式产生的后果，决心不再把软件作为计算机的搭配出售，而必须建立软件是单独一种商品的概念。

罗伯茨制造的计算机质量欠佳，又不能向用户如期交货。寄出去的存储卡往往不能正常工作，顾客急需的BASIC软件因"暂时无货"

而久久收不到，这使用户对罗伯茨的微型仪器公司大为不满，也直接影响到了微软公司的效益。

一天，比尔和保罗找到了罗伯茨。"我们有一个想法，也许对咱们两个公司都有好处，想和您商量一下。"比尔委婉地说。

"什么样的想法？说出来看看。"

"我想把 BASIC 语言一次性卖给您，怎么样？"

罗伯茨一下子从椅子上站了起来，两眼死死地盯了一下比尔，之后在办公室里来回走着。

"看在我们两个公司合作这么长时间，大家又都是朋友的份上，价钱嘛，可以低一些，就 6300 美元吧！您看怎么样？"

"不不不。"罗伯茨连连摆手，"我怎么能占你们的便宜呢？我看，咱们还是像以前那样合作为好。"

"这个价格已经很低了，如果您嫌高，我们还可以再让一些。"比尔有些着急。

罗伯茨连连摇头。"不是价钱的问题。我不会一下子买断的，咱们还是按以前的协议一起合作吧！"

无论比尔怎么劝说，罗伯茨就是不同意一次性买下 BASIC 语言。

后来，一个硬件工程师问罗伯茨："为什么不买下他们的 BASIC 语言呢？6300 美元多便宜呀！这两个人已经从我们这里拿走了 18 万美元了。"

"你懂什么？如果他俩把 BASIC 语言一次性卖给我，他们马上就会离开我们公司，那以后谁会为我们开发新的软件程序呢？如果 BASIC 出现程序错误，谁会修改呢？你会吗？"

有一次，有人在计算机俱乐部的一个展览场里拾到了罗伯茨微型仪器公司的 BASIC 语言打孔纸条，便交给一名叫丹·索科尔的人复制。于是，微软公司的 BASIC 软件被无穷尽地拷贝出来，免费送给阿尔塔的使用者和业余计算机爱好者。微软公司的收入由此大受影响。

比尔暴跳如雷，"真是赤裸裸的盗窃！怎么能这样抢夺我们的劳动成果?!"

"再说，这个软件还不完善，我们是想将其中残存的错误清除干净后再公开发行的。"保罗也十分气愤。

比尔和保罗采取了一个新的方法，想使自己完全摆脱盗版者的困扰。

"我们可以在非专有的基础上将 BASIC 一次性发放许可证，固定费用为 31200 美元。这笔钱在两年内以每月 1300 美元付清。"比尔建议道。

保罗拍手叫好："好啊，这样一下子解决了两个问题：一是我们微软公司可以保留对产品的控制权；二是微软公司可以忽略盗版者。至于微型仪器公司怎样再对 BASIC 索价，就由他们自己定了。"

"对，就是这样。微型仪器公司也可以不定价。至于软件的好坏，与微软公司无关。"

微软公司已经基本上从盗版风波中解脱出来。比尔开始四处奔走，到各计算机公司去宣传他的 BASIC，希望这些公司在出售他们的计算机时，能够配上微软公司的 BASIC 语言软件。

比尔在计算机软件方面非凡的知识，以及他强大的说服力，给公司的经理们留下深刻的印象，不久他就得到了通用电气公司、NCR 公司、花旗银行等大型企业的订单。

"比尔，我们的公司人手不够，咱们两个人根本忙不过来，需要再雇些人了。"保罗向比尔提出了建议。

"我也有这种感觉，不过聘谁呢?"

"还记得湖滨程序编制小组的理查德·韦兰德吗，可以让他来微软公司呀！"

"对呀，怎么把他给忘了。还有我的同班同学马克·麦克唐纳，软件编程方面也很在行，不妨也请他过来。"

"那样最好了。"

1976 年，马克·麦克唐纳和理查德·韦兰德先后到微软公司工作。马克·麦克唐纳很快改进了 8080 微处理器的 BASIC 语言，韦兰德则为摩托罗拉公司的 8800 微处理器编写 BASIC 语言和 COBOL 语言。

8 月的一天，两个学生来到了微软公司。

比尔问："你们找谁?"

"我们是来应聘的。"

"我们是斯坦福大学的毕业生，我叫阿伯特·朱，他叫史蒂夫·伍德。我们是看到张贴在学校里的招聘广告以后才来的。"

"实在不好意思，你们看，这里比较拥挤，又比较吵闹，工作环境差了些。不过工作起来挺有意思的。"比尔又问，"你们会喜欢这里吗?"

"没关系，工作条件对我们来说并不重要。我们很喜欢自由的环境。"

"我们是看好了微软公司的业务以及软件事业的发展前景才来这里的。"

"太好了。"比尔非常高兴，"那就上机操作一下，让我看一看你们的水平。"

这两个人被留用了。公司发展了，微软公司就在阿尔伯克基市区里租下 4 个房间作为办公室。

遭遇难缠的官司

由于罗伯茨不听取别人的意见，缺乏市场眼光，公司无法维持，只好把它转卖给一家叫作佩特克的公司。

在 BASIC 语言软件的销售上，微软公司和佩特克发生了分歧。佩特克认为，既然他们买下了罗伯茨的公司，BASIC 语言软件的专利权就应该属他们。

比尔和保罗很是愤怒，因为罗伯茨只是销售这个软件，而他们才是软件的真正主人。不过，佩特克公司的经理们根本没有把这两个刚刚 20 岁出头的小青年放在眼里。

"小伙子，你们最好明智些，不要再和我们争了，因为你们不是我们的对手。"

最后闹到法庭上。比尔没料到，这场官司竟使自己陷入了经济困境。因为法院规定，在结案前不许动用软件的销售所得，而这正是微软公司的主要经济来源。

幸好，微软公司正在等待裁决的时候，有一笔大生意找上门来。那是一家仪器公司要让微软公司给他们的新机器配备全新的 BASIC 软件，而软件的归属问题还没有得到解决，无疑影响到生意的成交。

比尔不想失去这样的大客户，两个人说服了微型仪器公司，在不预付现金的情况下接下了这笔生意。

可是，公司没有了软件收入，还要付房屋的租金和员工的工资，微软公司的资金越来越紧张。这时，父亲伸出了援手："比尔，我知道你遇到了困难，还是让我来帮助你吧！"

"不，我会想出办法的。"比尔为了渡过难关，只好向员工借了

7000 美元。

在打这场官司上，他在哈佛所学的法律知识大大助了他一臂之力。他还去向父亲讨教。父亲仔细分析案子之后告诉他，这场官司完全可以打赢，他还为儿子介绍阿尔伯克基一位资深律师。

1977 年 12 月，法院指派的仲裁人员终于宣布佩特克公司和艾德·罗伯茨违背协议，罗伯茨将 BASIC 语言软件的专利权卖给佩特克公司属"商业剽窃"，判定微型仪器公司只有权使用 BASIC 软件，微软公司则享有该软件的销售权。

微软公司可以继续销售软件，佩特克公司不能再分享 BASIC 软件的任何利润。

1977 年后，微软公司就再也没有发生过"经济危机"。这件事给了比尔很大的启发，他对法律的作用也有了深刻的认识。

1977 年，美国举行了全国计算机大会。这次大会都是一些著名的大公司参加。像微软公司这样初创的公司一般是不会参加的，因为参加这样的大会会花费许多钱。

比尔对保罗说："保罗，我们还是决定吧！会期一天天临近，如果不参加这次大会，我们就会像聋子和瞎子一样，什么也听不到，什么也看不到。"

"是啊，我也知道参加的好处，可是……"保罗担心的是要花费很多钱。

"不！"比尔看上去很坚定，"我们一定要参加，就是掏空家底，我们也要去。"

这次大会后，公司的业务迅速扩大，呈现一片繁忙景象。

年仅 21 岁的董事长

微软公司创业之初没有正式的办公室，后来因为新人不断加入，比尔才在阿尔伯克基市中心租了一套 4 个房间的办公室，但里边还是空荡荡的，什么家具也没有。

为了接待即将来访的惠普公司人员，比尔马上动员刚刚加入微软公司的几个新人，连夜去寻找办公设备。他则亲手安装终端设备，几天之后微软公司算是有了一间正规的办公室。

微软公司当时基本上都是年轻人，搞业务、搞推销都是一把好手，可是搞起内务，做起管理方面的杂事，没有人能有耐心。

第一任秘书是个年轻的女大学生，除了自己分内的工作，她对任何事情都是一副不闻不问的冷漠劲儿。比尔深感对公司这些风风火火的年轻人来讲，需要一位热心肠、事无巨细地把后勤工作都能揽下的总管式女秘书。

比尔认为他不能总让这方面的事情分他的心，他有更重要的工作需要他倾尽心力。因此，他要求总经理伍德立即解雇现任秘书，并限时命他找到符合要求的秘书。尽管比尔去公司外见到年轻漂亮的女性是一副赏心悦目的样子，在公司内见到她们却好像有些害怕和不可思议，有时他甚至躲得远远的。

伍德是公司的老员工，也是比尔的朋友。不久，比尔在自己的办公室召见了伍德，问他需要的女秘书找到没有。伍德一连交上了几个年轻女性的应聘资料，比尔看后都连连摇头。他看中女秘书的干练、稳重、能干，他对花瓶式的当摆设的年轻女性没兴趣。

"难道就没有比她们更合适的人选了吗？"比尔失望地责问伍德。

伍德犹豫着拿出一分资料递到比尔面前，"这位女士做过文秘、档案管理和会计员等不少后勤工作，只是她年纪太大，又有家庭拖累，恐怕……"

不等伍德说完，比尔已经一目十行地看完了这份应聘资料，说："只要她能胜任公司的各种杂务而不厌其烦就行。"

就这样，比尔的第二任女秘书，42岁的卢堡上任了。她是4个孩子的母亲，她出来应聘时并没有寄予太大的希望。在长年操持家庭后她希望能够重新走向社会，重新追寻自我价值。

卢堡觉得这个公司的气氛有点古怪，与别的不同。一般的公司请秘书一定要年轻漂亮身材苗条的女性，而自己这么大的年龄居然得以录用，真是令人不可思议。

几天之后的早上，卢堡坐在自己的位置上，看到一个男孩子直闯进董事长的办公室，经过她面前时只是"嗨"地打一声招呼，像孩子对待母亲似的那么自然。然后他就摆弄起办公室的电脑。先前伍德曾特别提醒她，严禁任何闲人进入董事长办公室操作电脑。

卢堡慌慌张张地跑去找伍德："伍德，有一个小孩儿闯进了董事长的办公室。"

伍德抬起头看了一眼办公室说："那个小孩就是董事长。"

"什么，他就是比尔·盖茨？"卢堡回到自己的办公室，过了几分钟，还不死心，又跑去问伍德："对不起，请问董事长几岁了？"

"21岁。"卢堡回家后把这段新闻告诉了丈夫，丈夫警告她，要她特别留意到月底时微软公司是否发得出工资。而卢堡却没有理会丈夫的忠告，她陷入沉思：一个给人如此幼嫩印象的董事长办实业，遇到的困难一定会很多。我作为一个成熟女性，今后在娃娃公司一定要尽到应尽的责任与义务。

卢堡发现微软公司不同于其他公司，尤其是比尔和保罗，他们的行为颇异于常人。他们通常是中午到公司上班，一直工作至深夜，每周 7 天，莫不如是。假如偶然要在第二天早上会客，他们就在办公室睡到天亮。

比尔在办公室里的起居饭食，成了卢堡日常工作的一项内容，这使比尔感到一种母性的关怀和温暖，减少了远离家庭而带来的种种不适感。而比尔也像对母亲一样对待他的这位雇员，压根就没考虑过再聘别人。卢堡在工作上也是一把好手。

比尔是个谈判高手，不过第一次会见客户时，也会使人产生小小的误会。客户见到比尔时，总不免怀疑眼前的小个子是不是微软公司的董事长，可能微软公司真正的董事长正在干其他的事吧！

他们伺机打电话到微软公司核实，卢堡接到这样的电话，总是和蔼可亲地回答："请您留意，他是年龄看上去十六七岁，长一头金发，戴眼镜的男孩子。如果见到的是这样的形象。准没错。自古英雄出少年嘛！"卢堡的话化解了对方积郁在心头的疑虑。

比尔是很乐意与客人谈生意的，他经常到外地出差。微软公司所在的双园中央大厦，距离阿尔伯克基机场只有几分钟的车程，为了使工作尽可能满负荷，他往往在办公室处理事情至最后的时刻，才驾驶着保时捷飞速前往机场。

沿途经常超车，甚至闯红灯也时有发生。他急急忙忙把轿车驶进停车场放好，然后让卢堡事后到机场取回，每次如此。因为超速驾驶，他收到不少法庭的传票。等他进入机场，跑到飞机下边的时候，地勤人员已经开始收拾登机扶梯了。

每逢比尔要出差，卢堡都亲自督促。比尔对卢堡的执着与认真表示无奈。卢堡把微软公司看成一个大家庭，她对公司的每个员工，对公司里的工作都有一份很深的感情。很自然，她成了微软公司的后勤总管，负责发放工资、记账、接订单、采购、打印文件等。

每天早上 9 时左右，清洁工就进入微软公司的办公室进行清理工作。有一天一位软件工程师突然从办公室里嚷着冲出来，板起脸孔看着卢堡，问她有没有把他的程序扔掉。卢堡莫名其妙地问："没看见什么程序呀！"

经过卢堡仔细询问，才弄清是清洁工误把这位软件工程师放在电脑旁、写在废纸上的一叠程序，当作垃圾扔了。这位工程师唏嘘不已，那是他的灵感之作。自从这件事后，卢堡定了制度，在微软公司的办公室里，清洁工只能清除垃圾桶里的东西，其他地方的东西一律不准移动。可是新问题又来了，程序设计师把喝完饮料的空罐随手扔在电脑旁边或桌子的一角，清洁工也不敢去碰，过不多久，办公室里空罐堆积如山。卢堡又得向清洁工解释，哪些东西是有用的，不可以碰；哪些东西是垃圾，应该清除。

卢堡成了公司的灵魂，给公司带来了凝聚力，比尔和其他员工对卢堡有很强的信赖心理。当微软公司决定迁往西雅图，而卢堡因为丈夫在阿尔伯克基有自己的事业不能走时，比尔对她依依不舍，留恋不已。比尔、保罗和伍德联名写了一封推荐信，信中给予卢堡的工作能力以很高的评价。卢堡凭着这封推荐信，重新找一份工作不成问题。

临别时比尔握住卢堡的手动情地说："微软公司留着空位，随时欢迎你。你快点过来吧！"

3 年后，1980 年冬季一个寒夜，西雅图的浓雾持续不散，因急需得力人手而心情不好的比尔独坐在办公室发愁。这时，一个熟悉的嗓音伴着一个熟悉的身影来到他的面前："我回来了。"

是卢堡！她先是一个人从阿尔伯克基来到西雅图，后又说服丈夫举家迁来。卢堡一直无法忘掉和比尔这些人相处的日子。她对朋友说："一旦你和比尔共过事，就很难长久离开他。他精力充沛，平易近人。你可以无忧无虑，很开心。"

是的，比尔从卢堡那里得到了信赖，卢堡也从比尔那里得到了尊重，相辅相成，唇齿相依，成了微软公司一道独特的风景。

转战定居西雅图

20 世纪 70 年代是美国计算机和计算机软件行业蓬勃发展的年代，大有群雄争霸、各领一代风骚的气势。尤其在 70 年代后期，"几乎每个星期都有新微型机问世"。

但是，也可以想象，在成功者辈出的同时，又有多少英雄落荒而逃。前面提到的罗伯茨的微型仪器公司就是其中之一，它生产的阿尔塔计算机质量上不去，公司在强手如林的角逐中败北，最后被佩特克公司收买。

而佩特克公司不久也奄奄一息。后起之秀的 IMSAI 公司意欲生产更专业化的计算机以赢得市场，但仍然因质量方面的原因而美梦难圆，最后也几乎弄到破产的地步。

这也给微软公司带来一些损失，因为 IMSAI 同微软公司签订了转让 FORTRAN 语言软件专利的协定，IMSAI 倒闭，微软公司也就得不到这笔款项了。

1977 年，终于出现了坦迪克公司的 TRS－80 型计算机、科莫多公司的 PET 型计算机和苹果公司的苹果 2 计算机。这些计算机在性能和质量上都远远超过了以前的产品，销售量当然也就扶摇直上。

TRS－80 型计算机上市一个月就卖出 10000 台；PET 于 1977 年在第一届西海岸计算机交易会上大获成功；苹果 2 机不仅质量优异，使用方便，而且具备了磁盘驱动器，很快成为热门产品。

微软公司先后为这些机器开发了先进的 BASIC 语言。但是，在计算机发展之初，各公司为了求新和保持自己的特色，都独自采取一套操作系统。软件公司不得不投其所好，为他们编制形形色色的软件。

这些软件花费大量精力编制出来，销售量却不大，因为其应用范围太有限。

这时，也是比尔老熟人的加里·基尔代尔教授，为英特尔公司的8080 微处理器编制了一套叫作 CP/M 的微机控制程序，所有用 8080微处理器的计算机都可以使用这个操作系统。

于是，在不到一年的时间里，几十家公司都采用了这套操作系统，这使基尔代尔一年的收入超过 60000 美元。

比尔和保罗看准了 CP/M 的前景，他们知道这个操作系统最终将成为一个标准。他们在研制开发他们的 FORTRAN 和 COBOL 时，就选择了这个系统，使他们的程序可以为许多计算机采用，因此他们的软件销路也不错。

1977 年，微软公司的销售额达到 50 万美元。至 1978 年，微软公司已经在微机语言上占了统治地位，他们的 BASIC 已推出第五版，逐渐被人们公认为标准件。1978 年年底，公司的赢利突破 100 万美元，已有 13 名雇员。

许多国家或政府都有一个专门的机构，为一些技术设置规范，使它具有通用性，这就叫作法定标准，具有法律的效力。

但是，国家制定的标准往往不一定就是市场上习以为常的标准。比如，一般人想当然地以为，英文打字机和电脑的键盘设置，一定是百余年来经过无数次改进、根据各字母的使用率确定下来的，应该是十分科学了。

然而，事实却并非如此：它的键盘设置是开始的时候随意定下的，但是由于已被社会确认，也就成了一种事实标准。同样的情况也见于钟表指针的走向。

由于市场变化多端，事实标准必然随经济机制变化而变化，当有更好更先进的东西问世的时候，事实标准就自然改变。

比如，我们今天已经很少见到使用电子管的家用电器，因为它们被后来的半导体器件挤出了市场；电唱机 10 年前还是"音乐中心"必不可少的组成部分，现在已经难寻踪迹，而且所有唱片公司都已转产。这套相当成熟的技术几年间就被无情淘汰，而由现在的激光唱机完全取代。

比尔对事实标准有很深的认识。他说："事实标准常常通过经济机制在市场上发生变化，这种经济机制与推动商业成果的正向螺旋十分相似，它使一个成功推动另一个成功。这一概念叫作正反馈，它说明事实标准为什么常常出现在人们寻求兼容性的时候。"

那么，如何才能产生正反馈循环呢？比尔认为事情非常简单，"只要有一种稍微优于对手的做法就行了"。而在高技术产品中，实现兼容性就是最有效的做法，既可以生产大量的产品，成本又不一定会有多大增加。

他举了 20 世纪 70 年代末和 80 年代初录像机的制式之战。从技术上说，当时的 BETA 制式更为出色。

但是，使用这种制式，一盘录像带只能录制一个小时，无法录下一场电影或一场足球赛；而用 VHS 制式，一盘磁带则可以录 3 个小时。比较起录像的质量来，当时一般的用户更关心的是带子的容量。

因此，JVC 公司开发了 VHS 标准，并容许其他录像机生产厂以低廉的许可费使用这一标准。于是，VHS 制式的录像机大量生产出来，VHS 制式的录像带也随之占领了市场；人们自然就习以为常地认为 VHS 制式是一种恒久的标准，而愿意多收藏 VHS 制式的带子。生产厂家便加倍生产，使它逐渐占领了市场。

1983 年，当 VHS 制式磁带开始逐渐被确立为标准的时候，它在美国的销售量也随之开始剧增，当年就比前一年增加 50%，为 950 多万盒；1984 年，销量达到 2200 万盒；至 1987 年，该数字升至 1.1 亿盒。

至此，VHS 录像机便完成了一统天下的大任。而与 JVC 公司同时起步的 SONY 公司曾使用 BETA 制式，由于这种制式对用户不太有利，就逐渐被冷落下来，最终导致彻底失败。

比尔说："VHS 是正向反馈循环的受益者。"他还说："从这一点就可以看出，一种新技术接受水平的数量变化，能够导致技术作用本身的质量变化。"

他还举了激光唱机为例，来说明配套软件对于建立标准的重大作用。他说："这种唱机刚问世的时候，销量不多，原因之一在于没有更多的音乐曲目可供使用。后来，当激光唱片大量涌入市场之后，激光唱机的优越性就充分显露出来，很快取代了有百年以上历史的机械唱机。"

比尔深刻认识到："计算机对其用户价值的大小，取决于它的质量和可供计算机使用的各种应用软件。"

他希望进一步扩大自己的公司，但是，既然与罗伯茨已经毫无关系，他们就没有必要继续留在阿尔伯克基。有人建议比尔把公司迁往加利福尼亚州的硅谷。那是一个高技术公司密集的地方，是许多著名计算机公司的诞生之地，对于微软公司今后的发展，应是大有好处的。

在新墨西哥的阿尔伯克基，由于计算机市场风云变幻，昔日的计算机公司已逐渐因经营不善而隐退，只有微软公司还在这里坚挺着。

"保罗，我觉得我们应该搬家了，这里死气沉沉，像与世隔绝一样。"比尔说。

"是啊！"保罗说，"可是哪里更合适呢？"

"西雅图。"

"看来西雅图是合适的，"保罗说，"那里有华盛顿大学，有我们需要的计算机人才，有幽雅的环境和温和的气候，还有我们过去的影子。"

在迁往西雅图之前，微软公司决定在 11 月 7 日照一张集体相，来纪念在阿尔伯克基的日日夜夜。

"11月7日，这一天是俄国革命成功的日子。今天，它更是微软公司战略大转移的日子。我们每个人都不会忘记这一天。"比尔自豪极了。

就在这个月，微软公司完成了全年100万美元的销售额。他们带着这个成绩，要向着大西北进发了。

"孩子们，你们能回来，我和比尔的母亲都非常高兴，这不，她又去筹办你们的欢迎会去了。"父亲的脸上充满笑容。

"几年时间，西雅图的变化还真大！"

一场盛大的欢迎会之后，微软公司的成员们又在比尔的带领下不分昼夜地工作。

1978年3月的一天，一个日本人把电话打到了西雅图。

"喂，是美国微软公司吗？我要找董事长比尔·盖茨先生。"

比尔接过了电话。

"比尔·盖茨，您好！我是日本的西胜彦。我开办了一家计算机公司，还出版了一份计算机杂志，同时也销售计算机软件。我对贵公司的BASIC语言非常感兴趣，很想跟您见上一面。"

"你怎么会知道我呢？"

"我仔细阅读过关于微软公司的大量文章。对于您本人我也略知一二，咱们俩有许多共同之处。"

"是吗？那么你能介绍一下你自己吗？"

"我今年22岁，原是东京名校早稻田大学的学生。本打算毕业后回家经营一所私立学校的，可是半路迷上了计算机，于是便退学开办了自己的公司。"

比尔兴奋地站了起来："我们年龄相同，又有着相似的经历，真是志同道合啊！"

"比尔·盖茨先生，如果您愿意，欢迎您到日本来做客。机票由我来解决，到那时我们再详谈，怎么样？"

"很遗憾，近期我非常忙，不能到日本去。不过3个月后，美国有一个全国性的计算机会议，我们可以在会上见面。那时我们就可以促膝谈心了。"

"很好，我会尽快与你见面。"

西胜彦果真来到了美国，在加利福尼亚安娜海姆的一次展销会上，同比尔见了面。

比尔和西胜彦谈了8个小时。"我预测，在不久的将来，个人计算机将像电视机、录像机等电器一样，逐渐进入每个家庭。对计算机软件的需求必然成为一股滚滚洪流。"西胜彦思路清晰，语言流畅。

"你的看法和我一样。

"我也一直看好计算机的发展前景。我要抓住计算机的灵魂——软件，推动这场革命。

"现在我所做的一切，就是为了今后把微软公司变成世界上家喻户晓的软件发行公司。"

"我愿意做微软公司在远东地区的代理人，把你的产品推广到全世界。"

两人签订了一项短短的合同，达成一笔超过1.5亿美元的交易。

在西胜彦的介绍下，日本电气公司的主管渡边先生同比尔见了面。

渡边在《华尔街日报》的访问报道中说：

> 我一直认为不打领带、吃着汉堡、喝着可乐、行事不加拘束的年轻人，才能够真正为个人电脑创造出适用的软件。因为个人电脑是属于年轻人的产业。

日本电气公司推出了他们的第一套个人电脑PC8001。

西胜彦捧着一份报纸说："比尔·盖茨，你听说了吗，日立公司已宣布将可显示6行字的液晶显示器应用于生产。"

比尔说："那又怎么样？"

"我突然有了个灵感，将这种液晶显示器应用于计算机，不是可以大大缩小计算机的体积吗！而且这种显示器体积小，便于携带。"

"还真有你的，西胜彦。计算机硬件你也要插一手。"

"我总能在别人不经意的地方发现有价值的东西。"

"不久的将来，一种微型计算机就会问世。"

"如果计算机小到可以随身携带，绝对是一个非同小可的进步。"

两个年轻人开始着手微电脑的研究工作，全世界第一台手提式微电脑诞生了。

当微软公司的股票准备上市时，比尔·盖茨再次邀请西胜彦："西胜彦，到微软公司来吧，我可以给你安排一个全职的工作，报酬丰厚。"

"谢谢，比尔·盖茨。我愿意和你共事，却不打算把自己出卖给你！"

聘用传奇人物鲍默尔

　　随着公司的不断扩大，比尔又要搞软件开发，又要负责公司管理，常常感到力不从心。他想找一个人帮助他管理公司。

　　于是，比尔请一个商人朋友纽曼为他物色一个懂公司管理的人才。

　　出乎比尔的意料，纽曼向比尔推荐的这个人竟然是史蒂夫·鲍默尔——比尔在哈佛时的同班同学，两人还是赌友。

　　纽曼对比尔介绍说："鲍默尔毕业之后，又去了斯坦福大学攻读硕士，可他没等拿到学位，就去一家公司干了一段时间。现在，他成了抢手人物，有好几家公司要找他做管理工作呢！"

　　比尔兴奋地说："那么，我一定把他抢到手！"

　　1980 年夏天，鲍默尔受聘到微软公司，职务是总裁助理，年薪50000 美元。他和保罗成了比尔得力的左膀右臂。

　　鲍默尔身材结实，接近于矮胖，头发稀疏，好交际，性格外向，他是橄榄球队的经理以及大学的文学杂志出版人。鲍默尔在 1977 年获得了数学和经济学学士学位。

　　鲍默尔来微软公司之前正在西雅图附近经营一家很小的软件公司。在鲍

默尔寻求进入电影业未果后不久，他的哈佛伙伴打来了电话，他还没有忘记他们间的友谊。

比尔把鲍默尔请到了西雅图，与这位大学好友饮酒共餐，带着他面见自己的父母老盖茨和玛丽，陪同他周游全城。

那可不是微软公司在以后岁月里招募员工的方式，后来的招聘流程变得异常严格，没有人能够游览全城，更没有机会见到比尔的父母。然而，此时此刻比尔迫切需要鲍默尔，希望他能马上从商学院辍学。

比尔对他的穷追不舍让年轻的鲍默尔陷入了两难。他可以继续商学院的学业以取悦父亲。他父亲没有上过商学院，渴望自己的儿子能获得商学学位。或者，他可以接受好友的提议，以年薪50000美元和企业5%的股份的条件担任比尔的助手。

鲍默尔决定去微软公司工作，与比尔达成了这笔交易。比尔那时正跟朋友们在一艘帆船上，是拿船用电话跟他通话的。鲍默尔成了公司的第十一名员工。

鲍默尔作为微软公司的第一任商业经理，一开始就困难重重。

不知道为什么，其他员工很快就疏远了他，令他们大为不满的是鲍默尔所获得的丰厚工资。鲍默尔不会编写程序，他在斯坦福商学院度过了整整一年，他之所以能够进入公司主要是因为他和比尔曾经是哈佛的同窗好友。

当比尔给鲍默尔的确认函变得人所共知时，大戏在公司上下开演了。员工们互相探询：为什么比尔给了鲍默尔这么高的薪水？为什么比尔给了他5%的企业股份？

鲍默尔与比尔的关系太密切了，任何这类不满和流言难以发挥持久的影响。两人似乎密不可分。鲍默尔不但把比尔办公室里的沙发一端当作自己的工作场地，而且还搬来与比尔居住在一起。

比尔与鲍默尔的关系对于微软公司的未来至关重要。比尔一直也在与其他同事密切共事，但是，再也没有其他人能够与他铸造出这样一种紧密的工作关系。

很久以后比尔说："选择鲍默尔效力微软公司是他所作出过的最杰出的商业决策之一。鲍默尔不但可以完全值得信赖，而且还能分享比尔的愿景，并像他一样致力于微软公司的成功。"

比尔认为颇为有利的是，鲍默尔具有一种与他不同的能力集合，比尔能与之探讨想法并得到有根据的反馈意见。

比尔总结道："激发具有卓越才华人员的益处是，不但可以使商业变得更加充满乐趣，而且还会真正获得巨大的成功。"

缔造微软帝国

　　每项事业成功都离不开选择，而只有不同平常的选择才会获取不同平常的成功。

　　　　　　　　　　　　　　　　　　　——比尔·盖茨

与蓝色巨人的合作

1980 年 8 月的一天，比尔接到了国际商用机器公司的电话，对方说有两个特使将来拜访微软公司。

国际商用机器公司创建于 1911 年。在 20 世纪 20 年代，它是最大的时钟制造商，后来又研制成功电动打字机并独霸市场。从 1951 年起，这家公司开始经营计算机，至 20 世纪 70 年代，它已经控制了美国 60% 的计算机市场和大部分欧洲市场。

至 1980 年，国际商用机器公司已有雇员 34 万人，在计算机硬件制造方面独占鳌头，占据了 80% 以上大型计算机市场。

比尔怎么也没想到国际商用机器公司会派特使主动来访。他猜想对方可能是为了购买软件而来，可只为购买软件，何必郑重其事地派两个特使亲临呢？

比尔意识到事关重大，急忙取消了原定的同阿塔里公司董事长的约会，叫来鲍默尔，准备接见国际商用机器公司的特使。

他们脱下一向喜欢穿的圆领衫、牛仔裤和运动鞋，换上了笔挺的西装和锃亮的皮鞋。

等见到国际商用机器公司的特使，对方的第一个做法更让人不可理解：他们要比尔·盖茨在谈判前先签署一个协议，保证不泄露谈判的任何内容，也不得向国际商用机器公司的代表谈自己公司的任何机密，比如某些设计思想，因为这样可以避免以后发生纠纷。而且微软公司永远不得对国际商用机器公司提出法律诉讼。

比尔尽管觉得事情有点奇怪而神秘，可还是不假思索地签上了自己的大名。因为他的法律知识告诉他，这样的协议好像根本没有什么意义。

随后，两位国际商用机器公司特使向比尔提了一些奇怪的问题，大概地了解了微软公司生产些什么软件，家用计算机的哪些功能最重要等情况，很快结束了这次似乎结识性的访问。

临别，国际商用机器公司的特使告诉比尔说："别给我们打电话，我们会给你们打电话的。"

特使还表示："这是我们公司所做的最不寻常的一件事。"

等两位国际商用机器公司特使离去后，比尔仍摸不着头绪，但他有一种预感：一定有什么大事就要来了。

在计算机世界里，国际商用机器公司是不容置疑的领袖，年营业额达 280 亿美元。这家受人尊敬的大公司还有个外号叫"蓝色巨人"。因为它数以千计的经理都穿着统一的蓝色服装。

为了开发微型计算机，国际商用机器公司投入了很大的财力和人力，专门组成了一个委员会来负责这件事，并且拟订了一个计划叫作"象棋计划"。

"象棋计划"委员会在研究市场上流行的计算机时，发现微软公司的技术得到了广泛的承认；更让他们惊奇的是，微软公司自创立之日起，产品销售额每年都要翻一番，这给"象棋计划"委员会成员留下了深刻印象。于是，他们决定访问微软公司，为其即将推出的微型计算机制作软件。

8 月的一天，比尔突然接到国际商用机器公司打来的电话，提出安排一次会见。

"下个星期怎么样？"比尔问。

"不，我们在两个小时内就乘飞机到。"

这真使比尔有点为难，因为他马上要会见一位计算机大亨。但是为了与国际商用机器公司接洽，他立即取消了与大亨的约会，因为即使是大亨，在"蓝色巨人"面前也变成了"矮人"。

会见一开始，国际商用机器公司的代表就拿出一份协议，要求比尔等人签字。协议内容和上次的差不多，要求这次会谈的内容绝对保密，微软公司将来永远不能对国际商用机器公司提出法律诉讼。比尔又毫不犹豫地签了字。

国际商用机器公司代表向他们透露了"象棋计划"的内容：国际商用机器公司想知道如何使迅速推出的微型计算机能运行现在流行的软件；如果国际商用机器公司提交一份计算机的规格书，微软公司能否为其制造软件。

国际商用机器公司代表团负责人把目光投向比尔，问道："总裁先生，如果我们公司向贵公司提供一项8位计算机规格书，贵公司能否为它的只读存储器编写 BASIC 语言？而且能否在 1981 年 4 月前完成？"

比尔轻松地脱口而出："毫无问题。"

比尔顿了一下，又说："不过，我有一个建议，请贵公司考虑。贵公司决定使用 8080 微处理器芯片，是个欠妥的考虑。因为现在市场虽然属于 8 位计算机，但正在被使用 8086 微处理器芯片的 16 位计算机取代。

"8086 微处理器芯片是英特尔公司 1978 年 4 月继 8080 微处理器芯片之后，专为制造微型计算机推出的产品，它的存储和调用容量高达 100 万个字节，而 8080 微处理器才 64000 个。就计算速度来说，8080 微处理器是无法与 8086 微处理器相比的。所以，8086 微处理器芯片对用户的吸引力自然十分明显。

"因此我个人认为，贵公司既然打算以商用市场为发展个人计算机的目标，就必须使用新一代的 8086 微处理器芯片，这样才能一开始就站在发展的潮头上。"

比尔说完，国际商用机器公司的代表决定将他的意见写进他们的报告中。他们又要求比尔提出一个能使用微软公司开发语言的计算机设计蓝图。就这样，这次会谈即告结束。

不久，国际商用机器公司又派代表来到微软公司。他们告诉比尔，国际商用机器公司最高领导层同意比尔的建议，决定采用英特尔公司的 8086 微处理器芯片，并要求微软公司提供他们的 BASIC、FORTRAN、COBOL 语言，但首先要在 1981 年 4 月前编写出 BASIC 语言。

比尔一听，顿感为难而失望。因为微软公司生产的各版本 FORTRAN、COBOL 语言，都必须依靠已经几乎成为市场实际标准的 CP/M 操作系统。而开发 CP/M 操作系统的数字研究公司目前正在开发适合于 8086 微处理器芯片的 CP/M－86 版本。因为这个系统的开发者不是微软公司，而是加利福尼亚州的数字研究公司，所以，比尔·盖茨只好向国际商用机器公司的代表说明，这个系统的所有权不在微软公司，而在数字研究公司。

随后，比尔又说："我熟悉数字研究公司的老板基尔代尔教授。我可以把你们介绍给他，希望你们能合作愉快。"

比尔知道这样做对他意味着失去了大概是有生以来的最大一笔生意，然而他仍希望数字研究公司能得到这个应得的机会。他知道在与国际商用机器公司这样声誉卓著的大公司打交道时，高尚的商业品行是至关重要的。

基尔代尔教授与比尔早就相识，既是比尔可敬的朋友，又是竞争对手。他智慧超群，但更像是位学者，对办实业不像比尔那么投入。这位教授在计算机软件方面做了很多工作，他编写了 CP/M 程序，非常成功。后来，教授在妻子的鼓励下组建了一个公司，专门出售 CP/M 程序，把公司定名为数字研究公司。

然而，历史注定了这个机会最终仍然落在比尔身上，对国际商用机器公司的使者，数字研究公司的人却没有表现出应有的热情。基尔代尔教授当时出差在外，接待国际商用机器公司代表的是他的妻子，也是公司的职员。她首先不愿在会谈开始前的协议上签字。他们根据这个神秘举动而怀疑来访者的动机，以为这样必定使数字研究公司吃亏。

国际商用机器公司代表解释，这个保守协议不过是一种官样文章，防止与国际商用机器公司进行技术内容谈判的公司控告国际商用机器公司剽窃。无论国际商用机器公司的代表如何解释，都无法消除他们的怀疑。

国际商用机器公司代表对他们的不信任非常不满，只好拂袖而去。基尔代尔出差回来，说签署这样一份协议是没有问题的。但是数字研究公司正与惠普公司谈判，冷落了国际商用机器公司。基尔代尔除了同惠普的谈判，考虑最多的是同夫人一起去海边度假。

国际商用机器公司代表对数字研究公司的拖延不决，颇为不满。最后，他们等得不耐烦了，便又回头去找比尔。

国际商用机器公司除了购买 BASIC 等软件，还要求微软公司开发新的软件，取代 CP/M，来满足国际商用机器公司的需要。这一刻，意味着名噪一时的 CP/M 开始一落千丈，而由国际商用机器公司支持的微软公司即将推出的 MS－DOS 将炙手可热。

比尔见自己抛出去的大好机遇又回来了，决定抓住不放，全力一搏。

他知道国际商用机器公司最需要的是一个先进的操作系统，微软公司就得想办法自行开发一个替代 CP/M 的操作系统，来满足国际商用机器公司的需要。

于是，他打电话告诉国际商用机器公司软件部负责人，说他手里有对方感兴趣的东西，而对方却要他提出一份可行性报告。

比尔手里究竟有什么东西呢？比尔这时知道西雅图有一家计算机产品公司主要出售电脑主机板，那里就有一个 SCP－DOS，是为 8086 微处理器开发的 16 位操作系统，可以代替 CP/M。

他知道，只要对 SCP－DOS 这个操作系统加以修改，就可以达到国际商用机器公司提出的要求。

1980 年 10 月，比尔让保罗出面，花了 10 万美元，从开发者帕特森手里买下了 SCP – DOS 这个软件的使用许可权。

有了这个软件作为基础，微软公司为国际商用机器公司设计软件就可以节约一年的时间。

同月，比尔、保罗和鲍默尔去佛罗里达州的博卡拉顿，向国际商用机器公司提交报告。

在飞机上，他们还对报告反复做了检查。在迈阿密下飞机后，比尔忽然发现他忘记打领带了。这是一个不可轻视的细节。他只好在驱车去博卡拉顿时，到路边的商店买了一条领带。

在国际商用机器公司的会议室，他们同对方 14 名技术人员谈了整整一天。比尔回答了对方提出的数十个问题。

最后，对方有人问他："像你这样的人，你们公司有几个？"

比尔回答："可以说我们公司的每个人都这样。"

比尔又补充说："我是我们公司里学历最低的，只上过一年大学。"

尽管比尔觉得自己回答得不错，可能否与对方签订合同，最终还取决于国际商用机器公司高层决策者。

幸运的是国际商用机器公司新任董事长约翰·奥佩尔曾同比尔的母亲玛丽一起做过联合道路公司董事会的董事，对玛丽的品性和人格很有印象。当他得知微软公司的老板是玛丽的儿子时，认为比尔的人品是可以信赖的，便同意与微软公司签订合同。

1980 年 11 月 6 日，微软公司与国际商用机器公司共同研制个人计算机的合同正式签订。

比尔感到了强大的压力。对于能否在规定的期限里完成这项工作，他心里也没底。他只想冒险一试。

艰难的秘密研发

国际商用机器公司规定研制期限为一年，而且要求严格保守机密，因为这涉及重要的商业利益。公司为这项软件开发制定了非常严格的保密标准，比尔和他的同事们住进了西雅图国家银行大厦8楼的一间微软公司办公室，它位于过道尽头，长2.7米，宽1.8米。

办公室的隔壁是一家证券经纪公司。为了防止泄密，国际商用机器公司对他们进行封闭式管理，不准随便开门，一切有关"象棋计划"的资料文件都不得带出房间。

国际商用机器公司还为比尔和他的同事们安装了一种专门的保险箱，国际商用机器公司还要求在天花板上装铁丝网，以防有人从屋顶上进入房间，但这个过分的要求遭到了比尔的拒绝。房间里没有窗户也没有空调设备，夏天室内气温高达38度。

国际商用机器公司的人还要求不准开门，并且多次进行安全检查。据说有一次微软公司的人正在开门通风，被检查人员发现，就受到了警告。微软公司的人虽然极不习惯这种管理，但知道商战无情，泄密就等于自杀，也只好遵命。

按照合同规定，这些软件的开发必须在1981年3月底完成。他们聘请了蒂姆·帕特森来协助设计操作系统，比尔则负责改进原来为阿尔塔计算机设计的BASIC，使它能用于国际商用机器公司的个人计算机。

他们要解决的首要问题，就是按国际商用机器公司的要求，将QDOS使用的8英寸磁盘改为使用5.25英寸磁盘，这牵涉数字记录状态的变更。蒂姆·帕特森好长时间都不知道微软公司是在为谁研制这些软件。

有一天，他接到国际商用机器公司打来的电话，询问有关 DOS 的情况。他觉得奇怪，问对方是谁，对方马上意识到不对，便支支吾吾地搪塞一下，匆忙挂了电话。

为了同国际商用机器公司加强联络，在相距 6400 多千米的西雅图和博卡拉顿之间，除了邮件往返不断，还建立了一条"热线"，也就是一个电子通信系统。

比尔也不时出差去博卡拉顿。在飞机上睡觉成了他的习惯，这样，人一到就马上可以精力充沛地投入工作。偶尔他可以一天之内飞一个来回，行程达 12000 多千米。

开发工作的困难有的可以预计，有的难以预料。微软公司在感恩节的周末才收到国际商用机器公司送来的一台样机。鲍勃·奥里尔负责对原 QDOS 加工，将它转变成国际商用机器公司个人计算机要求的专业软件。

但最初国际商用机器公司计算机的规格只有一个雏形，并没有规定全部细节，为了在国际商用机器公司要求的期限内完成这个软件的开发，鲍勃只好冒险一试。

收到样机以后，他就同迈克·科特尼开始在那间闷热难熬的小屋子里紧张工作。他们使用了两种计算机，这些机器持续不断发出的热量不仅使屋子里的温度又上升了好几度，叫人受不了，而且更严重的是引起了计算机本身工作的不稳定。情况往往这样，出错之后，他们花好几个小时在软件上去寻找原因，结果才知道原因是在计算机上。

1981 年 1 月 5 日，鲍勃·奥里尔终于决定给国际商用机器公司的卢·弗拉申斯基写信，说明这个问题。他写道："几个星期以来，微软公司的人勤奋工作，在你们送来的个人计算机样机上安装 86 - DOS。刚开始时，硬件运行是正常的，令人满意。但是不久之后就不稳定了。

"国际商用机器公司的工程师认为问题出在样机上，可能是由于计算机工作时产生热量，使一些地方发生了接触不良的现象。为了在计算机上安装合适的操作系统，我们有时不得不花好多天时间来查明问题是出在硬件上还是软件上。我们就这样浪费了许多时日。虽然如此，我们还是有可能在 1 月 12 日前完成预定的 DOS 和 BASIC – 86 的开发。不过，我们再也不能浪费时间了。"

后来，微软公司的程序编制员尼尔·孔森也参加了鲍勃他们的工作，小小的房间里又增加了一台计算机，气温有时几乎达到 40 度，计算机的工作可靠性进一步下降。他们只好违背保密禁令，终日房门大开。但他们仍然害怕国际商用机器公司的视察员前来检查，就建立了一个"警报系统"，国际商用机器公司的人一来，只要有雇员发现，就立刻向他们报警。不过，这个系统也有失灵的时候。

有一次，国际商用机器公司的一个视察人员悄悄来到公司，没有被人发现。他直接闯入鲍勃他们的工作室，见大门敞开，一些计算机零件甚至放在室外，就马上要求公司对此作出解释。微软公司受到很大的压力。从此以后，保密规定执行得更加严厉，国际商用机器公司也加强了检查系统。微软公司雇员们的日子更加难过，他们几乎没有任何喘气的机会。

至 1981 年 2 月，微软公司的 MS – DOS 终于能在样机上正常运行，但鲍勃发现计算机运行的速度比预期的要慢，并不比苹果 2 机速快。

他又给国际商用机器公司的帕特·哈灵顿写信说："我们不能肯定这台样机的速度是否是最快的最后版本。我们担忧的是《个人电脑》杂志对样机的首次评价，可能就会根据目前这一台样机做出。如果我们没有超过 8 位处理器的速度，我们的产品给人的第一印象就不会是好的。"

鲍勃不久之后就得到了国际商用机器公司的回信。信中称："你信中提出的问题现在已经得到解决。你对计算机样机运行情况的担忧，得到了我们的一致赞赏。国际商用机器公司的工程技术人员已经告诉我，最后推出的产品将对所有的缺点进行改进。"

还有一个硬件问题也使开发工作不能如期完成。国际商用机器公司样机的基本输入和输出系统不能把数据输入 64K 以上的位置，否则就死机。直至 4 月，鲍勃才发现这个问题，国际商用机器公司马上派工程师去西雅图解决，但这样已经使微软公司损失了整整两个月的时间。

另外，国际商用机器公司应当提供的游戏杆控制卡直至 2 月才送到，BASIC 的开发进度也受到影响。3 月初，国际商用机器公司的代表同微软公司会谈，讨论如何提前软件的交货日期。他们提出了一个新的日程表，微软公司同意了这个日程安排，但强调如果国际商用机器公司提供的硬件不可靠，他们也难以按日程安排交货。

微软公司其他人员的任务便是对 PASCAL、COBOL、FORTRAN 等语言进行转换。整个来说，这是一项浩繁无比的工作，而要求完成的时间又实在有限。在签订合同之前，比尔·盖茨他们就怀疑能否在规定的期限里完成这项工作，但三思之后，仍然决定冒险一试。他和公司的全体人员自始至终承受着国际商用机器公司的强大压力。

比尔一伙多年以来已经不止一次抢时间加班加点地工作，而这一次他们面临的是一项具有历史性转折意义的挑战，不能不慎重对待。这伙人似乎在世界上消失了，不仅冬天去滑雪的传统爱好自然取消，就连去佛罗里达州肯尼迪角参观史无前例的航天飞机发射这样诱人的事情，也差点成为泡影。

最后，比尔经不住一些人的好说歹说，只好答应，如果他们能提前完成一部分工作，就可以去肯尼迪角。人们加班加点夜以继日地干了 5 天，终于获准去看航天飞机发射，比尔和保罗也在公司同事的力劝下一道前往。

在同国际商用机器公司的合作中，微软公司学到了很多东西。国际商用机器公司的工作方法也对微软公司采用的标准产生了重大影响。微软公司的软件要经受国际商用机器公司用非常先进的方法进行严格测试，比尔甚至认为这种测试近于残酷。

为了考验软件的质量，他们把软件送给许多特定的用户使用，以便能找出隐藏得很深的错误。这往往需要好几年的时间。微软公司注意到了这个要求，便逐渐改善了公司产品质量检测、计划编制及安全措施等系统的一系列做法。

结果，微软公司的任务如期完成。国际商用机器公司的象棋计划也获得成功。

1981 年 7 月，微软公司得到正式通知，国际商用机器公司不久将发布新一代个人计算机诞生的消息。公司全体人员欣喜若狂，人们拥抱、握手，马上到西雅图一家豪华酒店去庆祝这一盛事。

但他们的操作系统还需要改进，他们还没有取得最后的胜利。根据比尔的建议，国际商用机器公司设计组设计制造的第一台个人计算机使用 16 位微处理芯片 8088。这是一个非同小可的跃进，使个人计算机从玩具水平提高到了作为商业工具的应用水平。

国际商用机器公司还采用了比尔提出的另一种明智构思——采用开放式设计，让其他公司可以仿制，从而建立起一个新的个人计算机标准。

比尔曾说：

> 假如人们知道一个操作系统的技术细节，就很容易为这个系统设计软件。这样做的结果使得开发软件变得十分方便，不久就出现了数千种这样的软件。

比尔为什么一反过去谴责盗版的态度，而主张公开软件的秘密呢？因为他看到要阻止盗版何其困难：与其让自己的软件被别人无偿复制，最终成为一种事实标准，不如变被动为主动，先行公开自己的软件。这样，一般就再不会有人去设计另外的操作系统了。

微软公司开发的这个 MS－DOS 磁盘操作系统，国际商用机器公司把它叫作 PC－DOS。PC 就是个人计算机 Personal Computer 的英语缩写。MS－DOS 其实只是当时可供国际商用机器公司选择的 3 个操作系统之一。

微软公司当然希望国际商用机器公司能选用 MS－DOS，为此，它不仅使 MS－DOS 在质量上比其他同类产品略胜一筹，而且帮助别的公司编写以 MS – DOS 为基础的软件，还做到让 MS – DOS 在价格上有最大的竞争力。

微软公司以低廉的一次性费用，让国际商用机器公司使用这个操作系统，结果国际商用机器公司仅以 60 美元出售这个系统，而以 450 美元和 175 美元出售其他两个系统。MS – DOS 自然销路大畅，购买者众；微软公司的策略大获成功。

比尔说：

我们的目的不是要直接从国际商用机器公司那里赚钱，而是要从出售 MS – DOS 的特许权赚钱。有的计算机公司想要提供或多或少与国际商用机器公司个人计算机兼容的机器，我们就把 MS – DOS 的特许权出售给这些公司。

国际商用机器公司可以免费使用我们的软件，但是它对未来的升级版软件并不能享有独占使用权和控制权。

这样，国际商用机器公司便自然放弃了使用其他两个操作系统的升级版本。

比尔对 MS – DOS 采用开放政策，并不担心被人无偿盗用，是有他更高明的考虑的，这一点前面已经谈到了。在整个开发过程中，他最担心的并不是这样做有可能给他带来损失，而是另外一件无法预料的事情。

微软公司虽然同国际商用机器公司签订了开发供新一代个人计算机使用软件的协议，却并没有保证这些软件最终必定会得到使用，因为国际商用机器公司总是同时开发许多项目，其中只有少数项目能够最后完成。个人计算机仅是国际商用机器公司秘密研制的众多项目之一，也时有来自公司的消息说要取消这个项目。

如果这样，微软公司就只能按合同的规定得到一笔为数不多的研究开发费，实际上就等于公司白白投入了大量的人力物力和时间。更令人不解而且愤怒的是，有一期《信息世界》报竟然发表文章，详细报道国际商用机器公司研制个人计算机的情况，其中也透露了将使用一种新的操作系统。

比尔无法理解国际商用机器公司对保密要求如此严格，杂志上为什么却能够对一切细节了如指掌。他越来越感到事情很不正常，甚至觉得国际商用机器公司会不会怪罪于他，说是他泄露了机密。他打电话去报纸编辑部质问消息来源，得到的答复却是无可奉告。

比尔担心的第二件事情，是购买西雅图计算机公司的 SCP – DOS 软件问题。这是一次版权的不完全转让，因为按保罗和帕特森签订的合同规定，西雅图计算机公司仍然保留着将这个软件转让给其他公司的权利。这是一个隐患。

于是，比尔让保罗给西雅图计算机公司的老板布洛克写信。保罗是这家公司的老熟人，说微软公司希望得到 86 – DOS 的完全转让权，好全面对付数字研究公司。

布洛克并没有想到这件事情有什么不好，就答应签署协议。但是，当他看到微软公司的律师草拟的文本之后，才知道是要求出售这个软件的专利权。当然，微软公司也允许西雅图计算机公司继续使用这个软件，而且今后还可以免费使用它的升级版本。

但比尔在文本上做了一个小小的改动，把原来要求唯一使用权改成了所有权。

在布洛克看来，条件并无不利于他的地方，而且还对他非常有利，因为他实际上等于净得一笔收入。他对他们那个 86 – DOS 的前途本身就没有多大信心，再说他也并没有失去这个软件的使用权。

他们当时并不知道微软公司为什么要这样做，当然更不知道微软公司是在同强大的国际商用机器公司一起干一件惊天动地的大事。协议签署之后，比尔十分得意，法律方面隐患的解除，他终于可以放心了。

菜单软件问世

1981 年 8 月 12 日，国际商用机器公司在纽约宣布新型个人计算机问世，并展出了第一台样机。

不久，国际商用机器公司的个人计算机开始在商店里正式出售，成为抢手货。订单像雪片一样飞向国际商用机器公司，尽管工厂生产规模不断扩大，仍跟不上市场的需求。

而实力雄厚的惠普、数字设备、得州仪器、施乐等公司，都在计算机市场上纷纷落马，因为他们的机器在兼容性方面无法同国际商用机器公司的相匹敌。

国际商用机器公司一举成功，美国计算机市场的竞争进入了一个新阶段。由于国际商用机器公司个人计算机一炮打响，微软公司也名声大振，它的 DOS 也就成了举足轻重的软件。

可微软公司也面临新的激烈的竞争，因为国际商用机器公司表明态度，欢迎外界的发展，并完全公开产业标准的规格，以便那些希望为国际商用机器公司的个人计算机开发附加卡的公司有所依据。国际商用机器公司还愿意同别人一起讨论软件的开发问题，也鼓励自己的员工利用业余时间开发软件。

为了加入这场竞争，微软公司又相继开发出 MS－DOS、BASIC、FORTRAN、PASCAL 语言一个惊险游戏和一个打字程序。

微软公司在 MS－DOS1.0 的基础上，开发一种双面读写磁盘的新版本 DOS1.1，使磁盘容量由原来单面的 120K 增加至 320K。

这时，比尔才有理由说出他久藏心中的那句话："让我来建立这个标准吧！"

微软公司憋足了劲要大显身手，可别的公司也不甘落后，微处理公司先成功地开发出一套编辑软件，名叫"文字之星"，接着可视公司开发出一种个人财务软件，并备受各种推销商和财务人员推崇。

"文字之星"推出后，销售量巨大，为微处理公司赚来滚滚财源。它迅速占领市场，成为大多数办公用和个人用计算机的必备品。

而个人财务软件也一时间成了最走红的管理必备软件，尤其受到全世界经理人员的欢迎，个人计算机也因它而得到进一步的普及。

比尔清楚地看到，如果微软公司不能战胜"文字之星"和个人财务软件，那么自己的市场就会被抢夺。

而摆在微软公司面前的，就是尽快开发一种软件，不仅可以在CP/M操作系统、苹果操作系统上使用，而且应当在当时流行的一切操作系统上使用。而个人财务软件只能在苹果机的操作系统上使用，可视公司随后又推出的 Supercalc，也只能在 CP/M 操作系统上使用。

比尔认为，要超越首先必须突破，这虽然困难，但不超越就会在竞争中败下阵来，就只有死路一条。他将开发和改进应用软件的重任压在了查尔斯·西蒙尼的肩上。

西蒙尼与比尔一样，堪称电脑神童。

西蒙尼和比尔由于对软件的开发有着共同的一致的看法而走到了一起。

比尔有一个希望：今后，要使应用软件对微软公司的贡献超过操作系统，西蒙尼正是他选择来实现这一愿望的人。

西蒙尼很快就成为微软公司核心成员之一，而且是极少几个能使比尔改变想法的人中间的一个。

西蒙尼和比尔相比，除了彼此出身不同之外，他们有着许多相似之处。西蒙尼的经历简直就是所谓"美国梦"的活样板。他到美国来的时候，几乎是身无分文，但最后却飞黄腾达，风光无限。

西蒙尼设计过许多软件，他将自己设计的第一件高水平软件卖给了祖国匈牙利。

然而，在匈牙利，计算机技术并不很发达，他学习编制软件使用的计算机，是一台俄国制造的老式电子计算机，笨重无比，足有一幢房子那样大。而这台名为"乌拉尔Ⅱ型"的计算机，竟是匈牙利当时仅有的几台计算机之一。

匈牙利落后的计算机技术和封闭的信息，使西蒙尼感到闷闷不乐，他决定到外面的世界去闯荡一下，一展才华。

1964年，在匈牙利首都布达佩斯举行了一次国家贸易洽谈会，西蒙尼将自己编制的一个示范程序送给了丹麦的丹尼西计算机公司贸易代表团，他希望这家公司将这个程序带回丹麦，让人们看看。

丹尼西公司这样做了。

人们认为，西蒙尼的程序相当不错。一些公司听说他还不到20岁，对他很感兴趣。

通过一番联系，西蒙尼在西方谋到一份工作，他离开父母，背井离乡，毅然迈入西方计算机高科技的大门。那时他只有16岁。

他在丹麦工作了几年，积累了一些资金，去美国加利福尼亚大学的伯克利分校就读。

在1972年，他被美国施乐公司计算机研究中心PACR录用。公司离著名的斯坦福大学不远，西蒙尼一边工作，一边到该校攻读博士学位。他撰写的毕业论文是他发明的一种代码输入法。

西蒙尼所在的PARC研究中心，做出过不少引人注目的成绩。他设计的阿尔托计算机曾激发乔布斯开发出麦金托什，也激发了比尔开发视窗。这个研究中心与斯坦福大学合作，研究出一种新工具——鼠标。

西蒙尼对鼠标非常熟悉，他研制的供施乐公司的阿尔托计算机使用的字处理程序，就是第一个用鼠标的软件。他把这个软件叫作"WYSIWYG"。后来，这个设计为微软公司带来了很大的好处。

1980 年，西蒙尼的一个朋友给了他一个名单，说假如他想另谋高就，可以按名单上开列的人名去联系。这份名单的头一个人就是比尔·盖茨。

西蒙尼首先选择了到微软公司任职。该年 11 月，他同比尔和史蒂夫·鲍默尔见了面。谈话只进行了 5 分钟，西蒙尼就下定决心到微软公司工作。虽然他出于礼貌，后来陆续也同名单上的其他人接触过，但他发现只有比尔·盖茨所持的观点卓尔不群。

他预感到微软公司正在开发的软件必将对这个产业产生巨大的冲击，在那里，他将真正大有作为。

西蒙尼到微软公司后，还想把他的两个朋友拉过来，但是，那两个朋友都因为各种各样的原因拒绝了比尔的邀请，尽管比尔向他们提出的待遇相当诱人。

西蒙尼为此大感失望，说："我真不知道他们为什么就不懂得这是一个千载难逢的机会。"

微软公司成立了以西蒙尼为首的开发小组，这标志着对软件的开发工作正式启动。

不久，他们完成了一种叫作"多计划"的软件设计并投入试生产。这个软件推入市场后，如果反应良好，不出现差错，即正式投入销售。

西蒙尼推出了一种全新的软件使用方法，这就是一直沿用到今天的著名的"菜单"方式。

计算机的使用者都知道，为了开启软件的某一功能，必须输入一些指令，这当然是比较麻烦的事情。为此，你必须熟记许多指令，而且在输入的时候不能打错一个字母。

如果没有专业方面的训练，用这种传统的命令方式使用计算机，实在不是很方便的事情。

你在屏幕上看不见所有你需要的指令，这些指令在执行的过程中是否正常，也难以直观地显现出来。

在计算机行话中，这就叫作"界面不友好"。

西蒙尼的"菜单"完全改变了这种常常令人困惑的局面。他用一个形象的比喻来说明"菜单"的来由和意义。

西蒙尼说："我喜欢列举餐厅的例子来说明什么是菜单。

"假如我到一家法国餐厅吃饭，但我不会说法语，对四周的环境也十分陌生，心里忐忑不安，害怕出洋相，非常紧张。这时来了一位女招待，用法语向我打招呼，我会突然感到两手冰凉。可能，一名会计坐到计算机面前的时候，就会产生这样的感觉。怎么办？

"这时，假如有人给我一份菜单，那就好了。我可以指着菜单点菜。这不会有错，即使我点的不是我想要的东西，也许我最后一道菜点的是蜗牛，这也不至于使我尴尬。

"但是，设想一下，假如你进了一家法国餐厅，那里却没有菜单供你点菜，而你又不会法语，但是你得用法语告诉女招待你想要什么，那就麻烦了。

"在计算机的程序方面，情形也是一样的。你必须要有一份菜单。菜单是友好的，因为使用者知道他要选择什么，只要用鼠标在那个位置上点一下，就能选出他所需要的东西。他不必乱发命令。如果乱发命令，就可能出错。"

有记者在杂志上对西蒙尼的菜单揶揄有加，说："也许还有其他的可能性。例如你可以说，'这里有我们的 3 种风味菜。如果你要看更多的，那就只好问你的女招待了。'"

但是西蒙尼对此并不在乎。他开发的多计划菜单出现在屏幕下部，各种指令用简明易懂的文字表示。

如果你用鼠标选中"打印"这个功能，软件就马上打开一个次级菜单，提供更详尽的项目，让你更进一步做选择。如果你打算放弃这次操作，只需按 ESC 键，屏幕就可以回到此前的状态。多计划菜单

比尔·盖茨·缔造微软帝国

软件还有其他一些颇具特色的功能。

1982年春，微软公司把这套软件交给了国际商用机器公司。但是，国际商用机器公司并没有重视这个软件，它仍然在继续大力推广MS－DOS版的Visicalc。

1982年8月，微软公司将这套供苹果机用的多计划软件第一版推出，过了不久，又发行了CP/M版。

比尔宣布，任何人只要会使用计算机，就能够使用这套多计划软件。人们从他的话中已经听得出，他是在宣布现行的Visicalc和Supercalc即将被逐出市场。

至1982年10月，供国际商用机器公司计算机使用的多计划软件才迟迟问世。

多计划软件终于受到了新闻媒体的高度评价。《软件评论》杂志把多计划软件评为同类产品中的最佳选择，说它易学易用、功能强大。

《软件评论》还说，"多计划软件似乎是专为取代Visicalc软件的位置，为独领市场风骚而设计的"，说它"拥有全部必需的性能"。《世界信息》周刊将这个软件列为"年度最佳软件"。

成为新闻人物

1981 年，微机的生产和应用有了巨大发展，它从业余爱好者的家中走向了成千上万的办公室。人们不仅仅想用电脑来做游戏，更希望利用它使工作简便、快捷，来处理更多的事务，解决更多的问题，赚取更多的利润。

美国人乃至许多发达国家的人们，都越来越感觉到他们在不知不觉中已经面临着一个信息时代，对这一局面不闻不问、置身其外的态度已不可取也不可能。喜欢事事搞民意调查的美国新闻界对此自然不会视若无睹，他们发出问卷，问人们是否希望在不久的将来拥有一台家用计算机，结果是 80% 的人有这个愿望。

当时有人作了一个大胆的预言，说至 20 世纪末，全世界个人计算机的拥有量将达 8000 万台。当然，这位大胆的预言家对形势的估计显然仍是太保守了。至 1991 年，仅微软公司的 DOS，就已经有 8000 万套在国际商用机器公司的个人计算机上使用，还有不知多少其他品牌的计算机在全世界运作，而且这个数量还在继续飞速增加。

美国《时代》周刊的一页封面，对计算机的普及与应用更是起了推波助澜的作用。

具有 55 年历史的老资格新闻周刊《时代》，每年都要评选出一位新闻人物，并在次年元月的封面上刊登出来。这一传统已持续了好几十年。每年评出的新闻人物不是风光一时的政界要人，就是卓有建树的科学巨匠。这份杂志每年评出的新闻人物几乎都是众望所归，很少有人提出异议。这一做法反映了世界上变化万端的时代风云的动向。

《时代》周刊评出的 1982 年"新闻人物"是谁呢？千千万万读

者接到该杂志后，看见的却不是某一时代人物，而是一台微型电子计算机！

《时代》以一台机器作为它当年评出的新闻人物，可谓别具匠心。

杂志的主笔奥托·弗雷德里奇先生对这位"封面人物"作了独出心裁而又热情洋溢的介绍：

在整整一年的新闻中间，最有意义和最吸引人的话题，并非一个单独事件，而是代表了一个发展进程，一个不断发展并且被广泛接受的、备受欢迎的进程。

同时，这个进程还影响到其他各个领域，它创造了一个新的历史。所以，《时代》在当今风云激荡的世界上选择了这样一位新闻人物。当然，它并不是一位什么人物，而是一台机器，一台个人计算机。

奥托在文章中也提到计算机发展中不无遗憾的一些事实，其中最主要的一点是软件的缺乏。计算机用户数量的疯涨，对软件的需求自然大为迫切。用户需要更多更好的软件，以适应各种不同的环境和要求。没有软件，计算机只是一个摆设。软件不丰富，计算机也无法发挥它的威力。

由于软件开发的迟滞，计算机的使用范围受到很大的局限，人们购买计算机的热情自然也就受到限制。计算机，只有当它具有更多的功能、具有更大的用途时，才能拥有更多的消费者。

《时代》的评选和奥托的文章，一方面大大地宣扬了计算机的功能，使更多的美国人对它发生兴趣并对它的使用跃跃欲试；另一方面，也尖锐地指出了计算机普及所面临的最紧迫任务：开发软件。

软件的缺乏和计算机热之间的矛盾自然引起比尔的极大关注。他在一次接受采访时说："我们没有对软件的标准和质量进行严格的管理和控制。我曾买到过根本不能用的软件。尽管现在有许多软件出现，但大多令人悲哀。"

他强调说："两年之后，我们要推出在各方面能真正满足消费者需要的软件。现在的软件太糟糕，太难使用，而且缺少更多的性能。不过这一切正在得到改善。"

1982 年，比尔 27 岁，他在软件开发方面取得的成功已经在全国令人瞩目。这一年，美国有名的《金钱》杂志用了他的照片作为封面。

比尔的秘书卢堡看见之后高兴极了，她把这一期杂志发给微软公司的每一位雇员，对比尔说："他们给你拍的照片太好了，我真喜欢！"

比尔说："你认为是这样吗？可我看起来太年轻了。"

卢堡说："你本来年轻嘛，不过才 27 岁！"

比尔因为长得比他实际年龄要小，还遇到过小小的麻烦。

有一次，他同包括卢堡在内的几个雇员去餐馆吃饭。比尔要一杯啤酒，女招待却怀疑他不满 20 岁，没有达到法定饮酒年龄，要他出示身份证。

反击下的金泡沫奖

西蒙尼为多计划软件立下了汗马功劳，成了微软公司的一名重臣。可是3个月后，就连比尔也没有料到，一种新的软件很快取代了多计划软件的主导地位。

这是在一次计算机展览会上，当西蒙尼看到莲花公司推出的莲花1-2-3软件时，吃了一惊。

西蒙尼对比尔说："比尔，我们遇到麻烦了。"

比尔也在心底为莲花1-2-3叫好，可是他还是不相信多计划软件竞争不过它。"西蒙尼，你觉得多计划软件超不过莲花1-2-3吗？"

"当然可以超过。但是，我们的软件是为了满足国际商用机器公司的要求而编制的，这难免要受到限制。我们只有在这个基础上，再增加一些新的功能，来个扩大版，以此吸引客户。"

经过努力，西蒙尼的扩大版终于推出来了，它具备了教学程序，使用者可以用教学程序学习如何使用。即使是这样，多计划软件还是赶不上莲花1-2-3的销售量。

1983年1月，1-2-3的销售量就独霸了市场，至20世纪80年代末，它已经累计销售500万套，创下了一个难以突破的纪录。

微软公司这次失败的损失是巨大的，致使微软公司的软件一度退出软件市场。比尔感到在软件设计这个领域，真是藏龙卧虎，稍不慎就会被取而代之。

经过反复思考，比尔认为在短时间不能开发出新的软件抢回市场的情况下，多计划软件应该暂时避开美国市场，转向世界进军，开辟新的市场。

比尔把进军世界的第一站选在了欧洲，并很快打开了局面。于是他又回过头抢夺美国市场。

比尔首先是对微处理公司的"文字之星"进行反击。同年 4 月，在亚特兰大展示会上，微软公司展出了为国际商用机器公司设计的第二套软件：一套字处理软件。

所谓的字处理软件，就是专门用于处理文字的软件，它可以对输入计算机的文字材料进行修改、编辑、存储，大大减轻文字工作者的劳动，节约时间，提高效率。微软公司的这套字处理软件，主要是针对微处理公司的"文字之星"。

"文字之星"是微处理公司 1979 年开发的，至 1982 年已售出 100 万套之多。但这个软件严重的缺点是操作太复杂。

微软公司在向"文字之星"软件的使用者收集了各种意见，经过仔细考虑之后，确定了自己产品的特点。微软公司用高级 C 语言来编写这套软件，在屏幕上分窗口，在每个窗口里同时显示不同的文件。

这套软件还设置了一个"废纸篓"，专门装删除的材料，如果使用者要重新使用这些材料，可以很方便地从中捡回来。

这套软件还可以在屏幕上显示各种字体、画线、指示特殊符号。它最引人注意的地方，是使用鼠标来操作，使用者只需移动桌面上的鼠标，让屏幕上做相应移动的箭头指向菜单中需要执行的命令处，轻轻一按鼠标上的开关，命令就被执行了。这些优点正好弥补了"文字之星"的缺点。

比尔还在这个软件中加入激光打印机的驱动程序。微软公司开始把这套软件命名为"多用工具字处理"软件，后来有人建议公司产品统统使用"微软公司"两字作为名称。这样可以简化和统一公司软件的命名，也有助于创立公司的形象，扩大公司的影响。

比尔采纳了这一建议。于是，微软公司开发的"多计划"软件就更名为"微软公司计划"，"多文件"软件更名为"微软公司文件"，这个"多用工具字处理"软件也改成了"微软公司字处理"。

"微软公司字处理"问世之后，立刻得到许多用户的喜爱和接受。尽管这样，"微软公司字处理"在1984年畅销软件排行榜上还没进入前10名，名列前茅的仍然是"文字之星"。比尔决定对"微软公司字处理"再做改进，压不过"文字之星"决不罢休。

1985年初，"微软公司字处理"做出较大改进的2.0版面世。它能驱动惠普公司的喷墨打印机，却仍没有解决前两个版本中存在的问题。

这时，虽然"微软公司字处理"没有压过"文字之星"，也已经稳步地在市场上占据了一席之地。

"微软公司字处理"和"文字之星"经过激烈的比拼，终于逐渐占了上风，在市场上牢牢地站稳了脚跟。

在与微处理公司的比拼中占了上风之后，比尔又把目光投向了莲花公司。对于和莲花公司的较量，比尔·盖茨极为慎重。

早在1981年9月，比尔就决定开发一个软件，一举摧毁莲花1－2－3软件的致命威胁。没想到在"开战"前，保罗因患癌症离开了微软公司。比尔只好多次亲自参与实施。他参与实施开发的这个软件，就是最后定名的视窗。

所谓视窗，就是把MS－DOS复杂烦琐的以字符为基础的操作，改为简明的以直观的图形界面为基础的操作。

比尔打算在MS－DOS和各应用软件之间，增加一个记录有显示器和打印机型号的接口管理软件，各应用软件就可以不必直接同操作系统打交道，而只需通过接口管理软件设置显示器和打印机。所有的应用软件都在统一的接口下运行，这样使用者将感到非常方便省事。这不仅是他一个人的构想，也是其他许多公司梦寐以求的目标。

可惜无数人在经过多年的尝试之后，都无一成功。比尔知道，要使自己在软件市场上技压群雄，立于不败之地，必须在这个构想上有所突破。

他为这个软件的编制人员提出了一些具体的要求，其中包括必须使用图像模式、下拉式菜单及对话框、屏幕上可见即可打印出等。这个软件后来被定名为"微软视窗"。

1983 年 1 月，在一次个人计算机会议上，比尔向与会者暗示了微软公司正在开发这种软件。

然而，尽管微软公司的研究人员全力苦干，这项艰巨的创新工作仍然进展甚微。

这并非是微软公司的研究人员无能，因为开发新的视窗软件实在太难了。

当时的个人计算机的内存只有 256K，而视窗需要的内存却远远大于这个数字。而在这个时期，其他许多公司也都产生了同微软公司一样的构想，正在加紧开发类似的软件。

10 月的一天，鲍默尔闯进了比尔的办公室，一脸沮丧，说："糟透了！比尔，我们遇到麻烦了。"

比尔放下手里的一份文件，没吭声。

鲍默尔接着说："我得到一些信息，有一家公司昨天突然宣布开发的一种类似视窗的软件已经投放市场，最初的 30000 套订货正陆续送到用户手中。"

他把双手按在桌子上，又说："还有另外一家新的软件公司也在最近推出一种名叫 DESQ 的软件，其功能形式也与视窗相似。"

他加重了语气说："你知道的，在此前，市场上已经有一个视窗类的软件在广泛流行了。所以，我担心，我们的视窗就算搞出来，也怕达不到预期的效果。"

比尔一边踱着步，一边慢慢地说："视窗非搞出来不可。不要管别人怎么张扬，我们要照干不误。"

鲍默尔说："可我们已经竭尽全力正在拼命干！"

比尔又慢慢坐回椅子，摇晃着，思索着。

"史蒂夫，我看我们有必要铤而走险了。是的，我们也来一个虚张声势！"

"你想怎么干？"

"开个新闻发布会，宣布视窗年底推出。"

"你真的有把握吗？"

"我们也不是第一次冒险了。"

11月10日，微软公司在纽约举行了一次盛大的新闻发布会，宣布"包容DOS的图形接口""微软视窗"将在年底推出，而且断言一年之后，9%以上使用MS－DOS的计算机都能够使用视窗。比尔的这一举动果真让所有的竞争对手吃了一惊。

在新闻发布会后，微软公司的"微软视窗"开始成为人们关注和期待的焦点。然而，微软公司却一再失信：将视窗交货时间从1983年年底推迟至1984年第一季度；又从1984年的2月推迟到5月；再从1984年5月推迟至8月。

比尔急得坐立不安。视窗迟迟不能问世，他本人和公司的信誉已经受到了影响。微软公司许诺的8月很快到了，可比尔仍然拿不出他的"微软视窗"。

好事的新闻记者纷纷来对他追踪质询。于是，传媒给"微软视窗"取了个令人难堪的绰号——"泡沫软件"，以挖苦微软公司在许诺上的胆大妄为。

比尔并不管新闻界怎么聒噪，他静下心，沉住气，冷静地进行思考。他终于悟出了一个道理：行政管理是自己的弱项，必须寻求一位合适的总裁，才能有助"微软视窗"的开发工作。

于是，他决定退居董事长之职，由刚聘用不久的琼·谢利出任第二任总裁。琼·谢利走马上任之后，对视窗开发工作的各个环节做了一次深入细致的调查，终于找到了问题的关键。

原来，这项开发工作之所以进展迟缓，除了技术难关之外，主要问题还在于管理和组织上的混乱无序。谢利把研制组的工作重新调整布置之后，微软公司最后许诺的 8 月份早已过去了。

至 10 月，微软公司只好再次宣布视窗软件的上市日期为 1985 年 6 月。面临如此尴尬的处境，比尔索性什么也不说。反正新闻界什么难听的话都说，那就由他们说个够！他要用成功的事实来挽回影响。

视窗软件设计和程序调试人员已增加至 30 人。程序员们的工作几乎已达到疯狂的状态，他们全力以赴，不分白天黑夜地干。一位做测试工作的程序员把睡袋搬进了实验室，整整一个月足不出户。

有一天早晨，比尔审核已经编完的软件时，突然发现一处差错。他猛一拍桌子，跳起来大声喊："鲍默尔！鲍默尔在哪？""来了！来了！"鲍默尔手里端着吃早餐的盘子答应着跑来见比尔。他听出比尔火山爆发般的怒气。

比尔指着电脑，生气地说："你还吃得下饭吗？你认为这个软件已经完美无缺了吗？不！我告诉你，它出现了差错！我警告你，年底前完不成任务，交不出货，我们公司要垮掉，你们也得卷铺盖滚蛋！"

鲍默尔从未见过比尔发这么大的火，急忙放下早餐，去叫醒刚睡下的程序员，说："比尔发火了，他发现了软件中的错误。我们必须再次进行检测，不能出任何一点差错，否则我们都会被他炒了鱿鱼。"

紧张而缜密的工作使视窗开发取得了杰出的成果，视窗小组的天才设计思想在这套软件中得到了完美体现。人们事后对视窗软件开发的时间进行了统计，一共花去了 11 万个工时。

在 1985 年 5 月的春季计算机展销会上，比尔展出了他演示的视窗软件，向成千上万的用户表演了用鼠标和键盘打开或关闭"窗口"的效果。

比尔还当场宣布，视窗 1.0 版软件标价仅为 95 美元。11 月，视窗软件正式上市。11 月 21 日，微软公司举行气氛热烈的盛大庆祝会。许多挖苦讽刺过比尔和微软公司的记者也应邀到场。有趣的是，那个称"微软视窗"为"泡沫软件"的《信息世界》杂志，向比尔颁发了"金泡沫软件奖"。

开始财富神话

比尔的个人计算机品质，在国际上处于前列，这使它自然而然地流向世界各国。至 1986 年，微软公司大约超过 1/3 的收入来自国外销售。微软公司的规模空前扩大，名气远扬世界。

"比尔，我们赶快将微软公司股票上市吧！"微软公司总裁谢利开始不停地催促比尔。"为什么那么着急呀？"

"看一看苹果公司，多成功啊。1980 年 11 月苹果公司的股票第一次公开交易时，它的资产估价为 18 亿美元，甚至比福特汽车公司还多，带来的财富让人吃惊。从票面价格上来看，苹果公司总裁斯蒂夫·乔布斯突然间竟拥有了 2.3 亿美元的个人财产，难道你不羡慕吗？"

"这我知道。早在 1983 年，我们的两大软件竞争对手莲花公司和阿森塔公司的股票就已经上市，并且获得极大成功。"比尔对股市还是很了解的。

"那我们还等什么？"大卫·马奎特也说。

"微软公司收入利润比大约为 34%，这就是说，股票不上市，将能更好地为公司保持利益。"

"但上市也有很大好处，可以在近期内获得一大笔资金。而且，对于持有股票的微软公司雇员来说，股票上市意味着可以获得更多的能立即兑现的财富。"

比尔看着微软公司的几位核心成员，说出了他的忧虑：他担心，一旦股票上市使财富滚滚而来，将不可避免地造成人们精神涣散，影响人们的工作效率。

他还担心，股票上市后因财富剧增，微软公司或许会走上许多公司的老路：变得人与人之间缺乏关怀，人际关系冷淡，而失去现有的家庭般温暖的气氛。尽管他顾虑重重，可敌不过形势的发展和人们的普遍要求，比尔不得不采取屈从的态度。他一点头，微软公司的工作班子便立刻开始运作，推动投票上市。

微软公司决定，首先由公司财务负责人盖德特与中立银行家联系，从中挑选承销商。微软公司最终确定萨奇公司作为主要承销商，桑斯公司作为机构购买承销商。

在寻求承销商的过程中，比尔曾答应美国《财富》杂志，允许一名记者追踪报道微软公司股票上市的情况，而且还与这家杂志签订了合同。至1985年年底，新闻传媒已开始发布微软公司的股票将于近期上市的消息。消息传出，微软公司的股票已经成为世人关注的热点。

至1986年2月初，微软公司印出近40000份公告，分送给各个股票监督委员会代表和代理商们。这份材料透露，在微软公司内部，经过多次的配股，公司创始人比尔·盖茨和保罗·艾伦占据了主要的股份：比尔为1100万股，保罗为640万股，他们分别占全部股份的41%和28%。

在首次上市时，比尔准备卖出80000股，保罗准备卖出20万股。在微软公司的其他核心人物中，鲍默尔拥有170万股，谢利拥有40万股，西蒙尼为30万股，盖德特为19万股。此外，比尔的父母也拥有21万股。

微软公司的上市公报一公布，比尔就收到许多亲戚朋友的求购请求。可他只满足了10多个人，其中包括他的祖母和他的女管家，其他多数人都被他拒绝了。在这期间，他脑海里想的更多的仍是软件，而不是股票。他认为，必须首先让公司有更好的发展，而不应当被股票带来的财富迷失了方向。

他对众多亲友求购者说："我不想理睬这些请求，我恨整个这件事。我想卖的是软件，而不是股票。"

不管怎样，1986 年 3 月 13 日上午，微软公司的股票在纽约股票交易所上市了。第一天的开盘价为每股 25.17 美元，收盘价为 29.25 美元，共成交 360 万股。

比尔的老朋友昆德伦在中间休盘时打电话给谢利，大声说："简直疯了！这样的场面我真是从未见过。每个到这里来的人都是为了购买微软公司股票，其他的股票竟无人问津。"

这种景象也使那些股票承销商们惊得目瞪口呆。一周之后，每股的价格已经飞升至 35.5 美元。比尔从出售股票中获取了 160 万美元，而他手上的股票已经价值 3.5 亿美元。

这时，比尔已改变了对股票上市的看法，他觉得有能力为微软公司股票再挣一个最好的价位。他和他的伙伴在各地区各城市做巡回演讲。

1987 年，微软公司的股票直冲上每股 90.75 美元的高位，而且还有继续往上攀升的趋势。

10 月，美国《福布斯》杂志将比尔·盖茨列入美国 400 名富翁的第 29 位。他当时股票价值超过 10 亿美元。这时，比尔和保罗都想到了他们的母校西雅图湖滨中学。他们决定回报母校。

1986 年 8 月的一天，比尔和保罗商量：为母校捐一笔钱，在那里修建一座科学和教学中心。

比尔说："中心要用我们的名字命名。"

保罗说："可是谁的名字排在前面呢？"

"我们抛硬币来决定，好吗？"

"好，看谁有运气。"

结果保罗的运气不错，这座中心被命名为"艾伦·盖茨大厦"。他们一举捐助了 220 万美元。

离开微软的创始人

正当微软公司春风得意、欣欣向荣的时候，这家公司老资格的软件专家、公司的缔造者之一——保罗·艾伦，却悄然离去。这是因为癌症。

还在 1982 年，保罗就病得不轻。那时候，他和几位同事正在法国巴黎做商业旅行。他突然觉得自己在发烧，不得不向伙伴们表示歉意，独自回到酒店。

他对伙伴们说：他的病恐怕要比感冒之类严重得多。他休息了好几天，但病情没有好转，只好终止这次旅行。

他进行了几次诊断，结果表明，他患有某种癌变。为了保命，他遵医嘱停止了工作，进行化疗和休养。

新版的 BASIC 语言程序成了他离开微软公司之前的最后一件作品。

保罗和比尔都是电脑神童，也都是微软公司的创始人，但保罗的性格与比尔却迥然不同。保罗的个性更为内向，他更愿意享受一些清闲的生活，特别是成功之后的愉悦。

保罗还是一个超级球迷，他从不放过一场西雅图超音速队的 NBA 比赛。比尔也曾有过一些业余爱好，但没有像保罗这样自始至终。

比尔总是追求，追求，不断地追求事业上的发展，有充满竞争的活力和奋进的勇气。他每天工作长达 14 小时，忙得不可开交。而保罗倒宁愿去拨弄一下他喜爱的吉他，看看引人入胜的科幻小说。

由于这种性格上的差异，有人甚至传言保罗同比尔的关系不那么融洽，还说保罗宁可通过电子信箱与比尔讨论问题，也不想去同他面

比尔·盖茨·缔造微软帝国

对面地谈谈他们之间的分歧；说保罗很长时间都没去过比尔的办公室，有事总是由鲍默尔代劳。

不过，对于这类说法，保罗总是予以坚决否认。他把这些猜测通通称之为胡说八道，对公司里这些流言大为愤怒，甚至觉得自己受到了伤害。即使在他发现癌症、接受化疗期间，他也仍然在继续工作，难道这还不能说明问题吗？

当然，那时候他已不可能全身心地投入工作，不能在工作上花费太多的时间。保罗因为性格内向而极重隐私，没有把他的病情告诉微软公司的朋友。人们完全不知道他已患了癌症，这或许正是引发误解的原因之一。

当然，在工作上，保罗与比尔并不是没有矛盾和分歧，有时候他们也会在决策问题上或技术问题上发生争执。但无论是保罗还是比尔，都从不把这种分歧和矛盾当一回事。有矛盾和分歧，才有争论和探索，才有事业的进步与发展。他们都认为这样的不愉快无关紧要，重要的是辨清情况，让公司不至于走上歧途，才是共同的利益所在。

病魔使保罗不能再工作下去了，他不得不离开公司。他自知来日不多，便希望在离开艰苦的工作之后去享受一番人生的乐趣。

保罗终于离开了长达 8 年之久、每周 40 小时以上、极少有节假日的工作岗位，与朋友亲属一道周游了整个欧洲大陆。而他的癌症竟然又奇迹般地有所好转，至今没有复发。当保罗的父亲意外去世之后，他陪伴着母亲安度晚年。

保罗不再是微软公司的副总裁，但他仍然是董事会的成员之一。微软公司这位软件开发大师，就这样默默地退出了他的活动舞台。

坚不可摧的微软帝国

国际商用机器公司个人计算机慢慢失去市场的主导地位，被别的公司低价抢占。

这使比尔面临一次选择：一是继续与国际商用机器公司合作，在国际商用机器公司中占据一定的权益，处于被国际商用机器公司拖着走的从属地位；二是独自提出一个新的操作系统标准，与国际商用机器公司脱钩。

如果与国际商用机器公司分手，就意味着失去一个伙伴，多了一个竞争对手；但要是不分手，又势必影响到自己公司的发展。比尔决定不动声色，先全力开始开发图形界面操作系统。经过艰苦努力，终于设计出自己的图形界面操作系统——视窗 3.0 版。

视窗 3.0 版本的问世，标志着微软公司在产业开发上与国际商用机器公司正式脱钩，发展成为独立研制图形界面操作系统的机构，也使电脑及其兼容机在性能上从此跨入一个新的时代。

1990 年 5 月 22 日，6000 多人聚集到纽约市戏剧中心，庆祝视窗 3.0 版问世。

微软公司通过卫星把庆祝大会的实况发往美国 7 个城市的分会场。同一时间，在世界 12 个大都市也举行了隆重的产品发布会。仅仅这一天，比尔花出的宣传费、广告费、演示费、赠送试用版等全部费用总计达到 1000 万美元。

比尔穿上笔挺的西服，由母亲陪同，出席盛况空前的庆祝大会。全世界都听见了他的声音："视窗 3.0 版将重新确定'个人'在个人电脑中的地位，这是比 DOS 还要好的 DOS！"

各界迅速做出热烈的反应。《今日美国》说：这是有史以来最让人渴望的产品！

得克萨斯软件公司总裁、视窗的支持者格雷逊评论道：假如你认为在这几年中高科技产品已经极大地改变了世界，改变了人类的生活，你并没有看错；但真正的改变，是从今天才开始的。

视窗 3.0 版本震动了全世界，并且非常畅销，以每月 10 万套以上的速度在全球发行。至 1992 年新版 3.1 推出之前，其销售总量已达 700 万套创纪录数字。

微软公司的巨大成功使苹果公司和其他一些公司受到沉重的打击。苹果公司决定用法律的武器，反击微软公司，它要指控微软公司对同行业的产品进行排挤和侵权。

比尔·盖茨判定苹果公司会利用法律向他反击，可他没想到先把他告上法庭的却是西雅图计算机公司。

在一次开庭审理时，西雅图计算机公司老板布洛克的律师凯利竟然把一只狗带上法庭。

他把狗放到被告席前，而被告席上坐着的正是比尔·盖茨。

凯利大声说："先生们，你们可能觉得奇怪，甚至不理解我为什么把一只狗带到了法庭上。我可以告诉你们，今天审理的是关于计算机的案子，同时也是一宗关于狗的案子。"

比尔·盖茨好像已经猜出凯利律师要说什么了。

凯利说："这只狗叫斯帕德，是原告西雅图计算机公司老板布洛克先生的。有一天，比尔·盖茨先生找到布洛克先生，他说对驯狗很在行，肯定能使这只狗成为一名冠军，还许诺分一些奖金给布洛克先生，于是就牵走了这只狗。不要忘记，这只狗本来是布洛克先生的，正如 DOS 操作系统一样。我想，先生们应该明白我的意思了。"

原来事情是这样的。1981 年，西雅图计算机公司的老板布洛克以 50000 美元的价格，把本公司的 DOS 操作系统转让给微软公司，使微软公司使用这种操作系统尽快攀上大树，与国际商用机器公司合作成功。

微软公司得知一家外国公司要从 DOS 操作系统发明人帕特森手里购买销售许可权时，比尔·盖茨用 100 万美元从帕特森手里收回了这项权利，还把帕特森留在微软公司工作。

不过，作为西雅图计算机公司老板的布洛克，也拥有这种操作系统的许可权，他不同意比尔·盖茨收回许可权的价格，坚持索要 50 万美元，于是把微软公司告上法庭。

这好比布洛克的狗被比尔·盖茨牵去夺了冠军，他要从比尔·盖茨手里多要一些奖金。

这次审理，双方律师辩论之后，陪审团开始讨论。布洛克知道，在 12 名陪审员中，必须有 10 名以上表示同意，他才能得到巨额索赔。

比尔·盖茨却显得很镇静，尽管赔偿的价码以每两小时上涨 10 万美元的速度递增，可他丝毫不为所动。最终，法庭判决微软公司以为数不多的钱，收回布洛克手里的 DOS 的许可权。

凯利立即到交易所，一下子买了一大笔微软公司的股票。他对朋友说："我通过这宗案子，真正认识了比尔·盖茨！"

再说苹果公司指控微软公司的视窗软件对它的图形用户界面构成排挤和侵权。如果苹果公司一旦打赢官司，不仅微软公司将前功尽弃，而且意味着几十亿美元的市场份额也将化为乌有。

在微软公司与苹果公司的纠纷中，不断有新的对手加入苹果公司的行列，向微软公司发难。

1991 年初，比尔对鲍默尔说：

我要搞一份备忘录。尽管现在我们处在软件市场的良好发展状态，成绩也不错，可是我们要想到公司未来的处境，要看到未来的发展和风险。我认为这样很有必要。

电脑技术飞速发展，稍有疏忽，就有可能被别人赶上，甚至超过。而且，我们要知道，在网络通信等方面还远远落后于 Novell 公司，更有那些善于攻占市场份额的软件开发商，正对我们进行围堵。

在备忘录中，我要着重谈一下与国际商用机器公司的关系问题。

比尔·盖茨向公司的主要董事们分发了一份公司发展备忘录。这份备忘录，在历数公司业务取得的巨大成就的同时，也详尽地分析了公司在各个领域中面临的压力与危机。

这份备忘录公布之后，一些不明事理的人开始产生恐惧心理，认为别的竞争对手真的要赶上来了，便开始大量抛售微软公司股票。

微软公司股票在抛出最多时，一天之内下降了 8 美元。比尔·盖茨个人在一天之内就损失了 3.15 亿美元的票面价值。

这时，国际商用机器公司董事局主席阿克尔斯也发表了他的备忘录，是一份缘于败绩的备忘录。

阿克尔斯在他的备忘录中提出了国际商用机器公司与苹果公司结盟，很快得到苹果公司的响应。

阿克尔斯在他的备忘录中毫不掩饰地承认，国际商用机器公司目前正处于前所未有的困境之中。自 1984 年以来，公司的销售额首次连续两年呈现下降趋势。国际商用机器公司一度在股市上遥遥领先的地位现在已岌岌可危。他认为，现在该是公司大力进行整顿的时候了。

阿克尔斯忧心忡忡地指出："我们正在失去市场占有率，我们正在走向衰退。"他同时指责造成这种严重后果的原因说："我们的工作缺乏足够的紧张态度，人人都自得其乐，而根本无视商务上的困境。"

在全美掀起个人计算机热潮的时候，国际商用机器公司几乎占领了一半的市场，而现在的情况是，这个市场占有率已下降到差不多只有20％。严酷的现实迫使国际商用机器公司改变思路，打破陈规，从根本布局上改变现状，以应付狡诈的对手——比尔·盖茨和他的微软公司。

阿克尔斯提出的方案，在前两年是不可思议的。那就是，要同他们过去曾经厮杀得不可开交的对手苹果公司联合起来，共同对敌。

因为无论是国际商用机器公司还是苹果公司，现在都面临共同的来自微软公司的压力。过去，微软公司的年营业额只及国际商用机器公司的1/10，现在，市场已经在微软公司的主导之下，国际商用机器公司和苹果公司两家公司所占的份额则分别下降了70％和50％。而且，微软公司产品的利润率比这两家公司都更高。在共同利益的驱动下，国际商用机器公司和苹果公司互相联合，一致对敌，乃是大势所趋，只能如此。

阿克尔斯在这份备忘录中为国际商用机器公司指出了唯一的出路，尽管多少带有苦涩和迫不得已的意味。

在与苹果公司结盟这件事上，国际商用机器公司并不是全无保留的。电脑界不少人士认为，苹果公司只是因为与微软公司的官司才采取联合国际商用机器公司的策略，它与国际商用机器公司有着类似与微软公司的矛盾。

要是苹果公司赢得了与微软公司的官司，它同样会起诉国际商用机器公司的PM软件。PM软件与视窗完全相同，这同样是苹果公司难以容忍的。只是，在当前形势下，苹果公司与国际商用机器公司联合起来仍然是有利的。

备忘录发表后不到半个月，在美国国庆节前一天，两家公司正式结盟。他们达成一项协议，在广泛的领域内共同享有彼此的技术。协议的有效期定为 7 年。

这是一个意料之中却又有些出乎意料的结果。人们普遍认为，这种过去难以想象的事情，完全是由于微软公司日益强大造成的。人们把国际商用机器公司与苹果公司的结盟称为"反微软公司联盟"。

两家公司把结盟仪式搞得轰轰烈烈。仪式在旧金山举行，邀请了 500 多人参加。在这个仪式上，除签署彼此共享技术成果的协议外，还声言他们将与著名的摩托罗拉公司合作，开发个人计算机 RISC 芯片，以用于国际商用机器公司和苹果公司的个人计算机。

真正引起轰动的新闻还是国际商用机器公司和苹果公司将注册两个联营公司。其中一个公司取名塔利根特，它的使命是以苹果公司以前开发的平克项目作为基础，研制出更为先进的操作系统。另一个公司起名卡雷达，它的任务则是研制一种个人多媒体计算机，把声像、文本、影像融为一体。

比尔对这两家的结盟却反应淡漠，没有表现出什么忧虑。他在一次业务研讨会上说："对于整个产业来说，苹果与国际商用机器公司结盟可以说是一件好事，甚至是很好的事情，因为我们这个行业需要更多的合作，以便产生更好的成果。"

有记者问他："你不担心他们结盟对微软公司的影响吗？"

比尔笑着说："这可算得上是一件好事：它们合二为一，我们因此少了一个竞争对手。"

竞争促生微软视窗

不过，苹果公司和国际商用机器公司的结盟，还是让比尔·盖茨在心中感到了很大的压力。

一天，鲍默尔告诉比尔："据我们了解到的情况，苹果公司和国际商用机器公司结盟之后，他们已经把多媒体提上了日程。"

"这并未让我感到吃惊，因为我已经想到了他们和我们现在一样也会搞多媒体。所以，我们的开发和研制工作必须争分夺秒。谁控制了多媒体电脑，就可以通过全球上亿台个人电脑实行软件控制。"

微软公司与"反微软公司联盟"关于多媒体的新一轮竞争开始了。

多媒体缘于许多年前早已过时的幻灯机。那时，有人以多部幻灯机联动的方式让静止的画面活动起来，再使用录音机将声音插入使音画同时出现。用今天的眼光来看，这实在算不上什么多媒体。不过今天的多媒体设计思想，确实是从这种古老的原始装置中产生出来的。

人们在社会交往中表达和传输信息的形式被称作媒体。现代社会人们采用的媒体形式，主要有文字、声音、图形、图像以及活动图像等。

人们在利用多媒体时，存在一个人机关系问题，即所谓人机界面问题。直至今天，大多数人机界面并不友好，这使许多人对计算机望而生畏。

电脑具有非凡的记忆能力和计算能力，但起初在接受和处理几种媒体方面显得笨拙不堪。人们可以用文字同电脑对话，但是对人类使用的图形、声音、图像等媒体，电脑却无能为力，变成了瞎子和聋子。

让电脑能处理声音和图像，是多媒体发展中的一个关键性问题，也是一个极为复杂的超级难题。

微软公司当初开发的视窗 3.0 版本已经具有多媒体的功能。在视窗 3.0 的平台上，可以很方便地搭载多媒体扩展系统，组成一个功能多样的多媒体视窗。它可以通过新的接口与音响、录像机、摄像机和光盘等设备联结起来，实现多媒体的功能。

而苹果公司 20 世纪 80 年代推出的麦金托什计算机，实际上就是多媒体计算机的雏形。麦金托什计算机具有极为卓越的性能，它采用了摩托罗拉公司的 68000 型 32 位微处理器，速度达到了每秒 2Mips，远远超过了当时流行的小型机 VAX11/70，而它的价格只是小型机的零头。

麦金托什计算机最为突出的特色还在于它的图形处理系统，实际上可以说整个麦金托什系统都是围绕图形处理来设计的，它甚至可以将文字也当作特殊图形来处理。

麦金托什计算机的多功能特征不仅表现在它的图形至上的设计上，它还能非常出色地处理声音系统，可以用它来作曲，自动控制电声乐队，做音乐教学和语言研究等。

然而，微软公司还是抢先了一步，在 1991 年 3 月公布了静止图像压缩标准不久，又公布了活动图像压缩标准。

至 1991 年年底，多媒体将比尔推上了世界级电脑权威的宝座。

早在 20 世纪 90 年代初，比尔就对信息高速公路的前景看得一清二楚。在苹果公司与国际商用机器公司结盟后，巨大的压力使比尔加快了对多媒体和信息高速公路的开发。

比尔并没有因为多媒体开发有了突破而高枕无忧。他已清楚地看到，未来社会不仅需要多媒体，更是个信息高速公路的时代。马不停蹄地向信息高速公路进军，是他的当务之急。

信息高速公路是以信息交流为目的的基础设施，它需要建立一个全国性的信息网络，将各个大学、科研机构、企事业部门乃至普通家庭连接起来。它像一个高度发达的公路网那样四通八达，使信息的交流传输快捷准确、方便自如。这种设施全面地包容了未来信息时代的内涵，因此被人们普遍接受。

信息高速公路一旦建成，将融合现有计算机网络服务、电话和有线电视的功能，为全社会各部门服务。它使用广泛，在诸如工业、技术、教育、文化、卫生、金融、商业、娱乐、运动等行业都会大有作为。

人们可以通过信息高速公路，在任何地方与他的亲朋好友交谈，可以看到图书馆里最新的图书资料，可以查询商场中所有商品的价格和有关情况。

人们可以坐在家里接受教育，获得需要的知识，在家里办公，在家里得到保健服务和其他服务。学生可以选择最好的学校、最好的教师和最感兴趣的课程，而不需要考虑地理距离、财力和因健康原因而造成的行动不便。家长可以很方便地同教师和学校联系，了解学生的学习和表现情况。

人们可以足不出户，在家中欣赏最新出品的电影，听最喜爱的歌曲和音乐，阅读最喜欢的文学作品，看最感兴趣的文娱节目。

各个厂商可以通过信息高速公路从世界各地获得订货单，而且附有所需产品的详细说明，制造厂根据这些说明制造出合乎规格的产品。世界各地的股票投资者可以及时获取全球的证券行情和行情分析，从而据此选择新的投资行动。

正是因为信息高速公路具有如此重要的功能，它已被世人包括各国政府看作必须尽先拥有的工具。各国政府甚至把利用信息高速公路视为争夺世界先进地位不可缺少的步骤。而对于这个技术本身，被认为是全球范围大规模普及电话之后的又一次信息革命。

很快，在全世界已有不少国家开始规划全国性乃至全球性的高速信息网络，比如美国、欧洲、日本、韩国、新加坡及南美洲的一些国家。

还在 20 世纪 90 年代之初，比尔就对这样的前景看得一清二楚。他在此之前干的一切事业仅仅算是一个前奏，一个热身运动，一场准备工作，真正要干的事情还在后面。

所以，他那份充满忧患意识的备忘录处处提到坎坷和危机，处处设想困难和艰险，也处处表露出雄心壮志和非凡勇气。而国际商用机器公司的备忘录，以及由这份备忘录引出的与苹果公司的结盟，更加快了比尔对多媒体和信息高速公路的开发行动，成为他的新事业的催化剂。

比尔早已预见到并且也为后来的事实证明，随着多媒体和信息高速公路的开发与投入使用，整个社会将发生深刻变化，而且也将导致一些新的问题出现。如果顺利地解决好这些问题，社会结构又将向前大大迈进一步。

个人计算机问世之初，电脑只对个人或少数人起作用。一台初级电脑可以让一名高中学生在一周之内完成前 30 年中全世界的数学家都难以完成的工作，后来的电脑则可以使这些工作在几分钟之内完成。

现在，一名高中学生可以用电脑出版发行一份杂志，绘制出复杂的图像，很快写出鸿篇巨制，还可以在顷刻之间给上百万个朋友发出电子邮件，甚至可以逼真地模拟 F－16 战斗机进行空战演习。计算机也一直被看作领导者加强权力的一种力量，少数人可以通过计算机掌握千百万人的档案，可以监督他们的各种行动。

计算机网络系统打破了少数人的特权。一个普普通通的公司职员，可以通过计算机接触到各种各样的业务资料，了解整个公司的运转情况，还能够通过电子信箱把自己的意见传输给公司的最高领导层。他甚至可以获取机密，并且把它们透露出去。

电脑网络系统给掌握权力的人增加了压力。一方面，他们需要自己机构中所有的人都掌握最新技术以提高工作效率；另一方面，又要防止新技术对自己的权威提出挑战。

因此，计算机网络技术的发展给掌握权力的人们出了一道难题——如果防止自己的下属掌握最新技术，自己就将在经济上遭受严重损失；而要推广这些新技术，就不得不把自身情况向整个社会公开。计算机网络技术使每个人的权力扩大了，使各个机构内部组织形式变得复杂了，这是令所有主管人员感到头疼的问题。

电脑网络系统传递的电子信函随时可能被别人"拆开"阅读，使个人隐私和其他机密难以得到有效的保守。在信息高速公路时代，每个人都成了一本可以被任何人打开的书，人们可以对他人的个人情况一览无余，因此再也没有什么秘密可言。

当然，也可以使用现代技术来保护人们的隐私权，开发加密技术就是其中的一种手段。这可以使人们的谈话或电子信息不被外人监听或截取，也可以对各种需要保密的资料加以控制。

但这种加密技术又给社会带来了新的麻烦：如果有关部门的窃听设施失效，监控系统不起作用，那么，社会上各种歹徒将大摇大摆各行其是，这意味着对恐怖分子、绑架者、勒索者、黄色节目制作者的犯罪行为反倒大开了方便之门，对社会安全的保障是个不可忽视的危险。

电脑网络可以通过复杂的通讯线路将全世界上亿的人联系起来。在这个网络上，所有的信息来源都可以像广播电台的节目一样迅速传播出去。

每一个普通用户都相当于一个广播电台或电视台。这样一来，对于各种内容的随意传播几乎就无法控制了。人们有理由对此感到忧虑。假如色情作品通过网络大肆传播，诬蔑性、诽谤性、骚扰性言论漫天流行，无疑将对社会造成极大危害。

那么，是否需要严格控制电子信息的传播呢？当然要。然而要达到这个目的，代价是相当昂贵的。

因为要解决这样的问题，利用传统技术无能为力。不过现在已经出现了一种叫作"防火墙"的智能过滤软件，它能去掉那些不希望让人看见的内容，使各种非法的和有害的信息化为明日黄花。但道高一尺，魔高一丈，今后这道魔之间的较量又会出现一种什么结果呢？

电脑网络作为教学手段是非常方便有效的，但它有可能使人们的思维能力和表达能力下降。这种电脑教育方式造成的后果或许为人们所始料不及。多媒体电脑的一张5英寸光盘，可以储存一部百科全书的内容。人们只需敲几下键盘，用鼠标一点，就能查出有关的条目。它同时还能播放出声音和图像。

在教育方面，它的竞争力已大大超过了电视。但有人认为，多媒体在教育上很可能弊大于利。从文学创作的状况来看，哪怕只是部分放弃叙述形式的教学和严格的逻辑思维，就可能造成严重的后果。

而多媒体提供的内容，恰好正是情绪上的影响，而不是理性分析与逻辑思维。对于培养学生的严密思维能力和丰富的表达能力，这不能不说是一种缺陷。

电脑网络一旦普及，必将最终改变人们的认知习惯、哲学观念，甚至行为方式。电脑使用二进位字符，二进位字符是无形的，它只是由0和1两个数字构成。用如此简单的数字材料却记载了信息时代的一切内容。

各种文字、图像、表格、激光唱盘、多媒体光盘等一切信息载体，都离不开这两个简单的数字。二进位数字的广泛使用使现代社会发生急剧变化，原来存在的三维空间世界，似乎一下子变成了四维空间，多了一个新的电脑空间。这个空间虽然无影无踪，看不见摸不着，人们却把它当作一个最基本的工作场所。

　　这种现象的出现当然就提出了一个新的问题：既然任何一个键盘都可以将字符输入，可以对文字或图像进行任意修改而且不留一点痕迹，那么，电子图像是否还能作为可靠的物证呢？

　　既然构成知识产权的字符可以在千百万台电脑上复制，那么，是否还能有效地保护知识产权呢？既然字符作为信息可以像电流一样流向全世界，那么，政府怎样对它们征税，怎样限制它们的内容，又怎样保护其所有权？

　　这一切问题都需要更新更高的技术来解决。从理论上说，技术是无所不能的。这当然需要付出更艰辛的劳动，更高昂的代价。

　　多媒体和信息高速公路是一场划时代的革命，它不仅正在改变人们的生活方式、价值观念、经济构成，而且正在改变人们对客观世界的认识，赋予人们千百年来习以为常的工作环境以新的意义，甚至对法律提出新的研究课题，要求制定新的法律和法规。

　　比尔·盖茨知道要迎接这个世纪大变革，就必须开发出真正意义上的多媒体软件，投入信息高速公路的建设。

　　1995 年 8 月，微软公司的多媒体操作系统视窗 95 问世，给全世界带来石破天惊的震撼。微软公司为这套软件的促销，花费了 35 亿美元。比尔还亲自出马，充当超级推销员。

　　视窗 95 推出这一天，在纽约最高建筑之一的帝国大厦上，竖起了微软公司商标的巨大霓虹灯广告。他们将英国著名的"滚石"乐队的一支流行曲买下，作为广告专用，并反复演奏。

　　在美国主要电台、电视台进行密集的广告宣传。英国《泰晤士报》的整版印上微软公司的广告，免费向人们散发。

　　视窗 95 就在全球家喻户晓，人人皆知。在视窗 95 推出的当天，美国就售出 30 万套；至第四天，全球销售量已超过 100 万套。

　　也是在这一年，比尔出版了《未来之路》，曾经连续 7 周名列《纽约时报》畅销书排行榜的榜首。书中的一些预言已经成为现实。

比尔·盖茨·缔造微软帝国

然而，比尔也被指控商业行为不检点。比尔多次被控告在他的领导下，微软公司的很多商业行为违反了美国的反垄断法；并受到诸多诉讼，面临着被拆分的危险。

1998 年，微软公司推出了视窗 98，受到广泛的欢迎，微软公司巩固了计算机软件业的霸主地位。

1999 年，比尔撰写了《未来时速》一书，向人们展示了计算机技术是如何以崭新的方式来解决商业问题的。这本书在超过 60 个国家以 25 种语言出版。《未来时速》赢得了广泛的赞誉，并被《纽约时报》《今日美国》《华尔街日报》列为畅销书。

2000 年，盖茨任命他长期的好友史蒂夫·鲍默尔为微软公司首席执行官，而自己则为"首席软件设计师"。

2011 年 9 月 14 日，Windows 8 开发者预览版发布，宣布兼容移动终端。微软公司将苹果公司的 iOS、谷歌公司的 Android 视为 Windows 8 在移动领域的主要竞争对手。

2012 年 8 月 2 日，微软公司宣布 Windows 8 开发完成，正式发布 RTM 版本。2012 年 10 月将正式推出 Windows 8，微软公司自称触摸革命将开始。

比尔在公司正式发布最新操作系统 Windows 8 之前，亲自试用后表示，"Windows 8 是一款令人十分兴奋的产品，它的发布对于微软公司有着至关重要的作用"。他已经开始使用 Windows 8，并且对它非常满意。

Windows 8 系统是微软公司在过去 10 年多时间里对 Windows 系统做出过最大改动的一款产品，甚至把开始菜单的 Windows 图标删掉了。公司试图通过这一产品在当今这个移动设备已经开始全面超越个人电脑的世界里继续保持自己的领导地位。

2011 年，微软公司 Windows 和 Windows Live 部门总共获得 190 亿美元营收，占公司 699 亿美元总营收的 27%。

世界天才的魅力

　　不要让这个世界的复杂性阻碍你前进。要成为一个行动主义者。将解决人类的不平等视为己任。它将成为你生命中最重要的经历之一。

——比尔·盖茨

背后的伟大女人

1964 年 10 月 20 日，在美国达拉斯州一个不出名的小镇，梅琳达来到了这个世界。她的家庭是一个普通得不能再普通的中产阶级家庭。

童年的梅琳达不善言谈，总是与周围的人保持一定距离，表现得极其内向，所以没有人想象得出她将来会过上什么样的日子。直至现在，梅琳达都很畏惧在公众场合展现自己的才能，不过她的举止倒是很有风度。

梅琳达是一个懂事比较早的女孩，当她还在当地一家天主教私立学校读书的时候，就已经会做许多家务事，有时会帮母亲洗衣服，有时带妹妹去上学。

1990 年，梅琳达商学院毕业，她面对的是一个崭新的开始。这时梅琳达只希望自己能从事一份相对让她感到能展示自己才华的工作。

她首先想到了硅谷，但她并不很擅长计算机软件开发，所以找一份营销或是策划方面的工作是再合适不过的了，这也与她学的专业比较对口。她开始将目标锁定在电脑行业。恰逢微软公司一年一度的人才招聘在不久后举行，于是她很认真地填写了一份简历，并及时寄到了微软公司相关部门。

那时梅琳达也在想，自己是否也应该为自己设个目标，然后让自己去适应所有的一切呢？随着微软公司的名声在美国甚至世界同行中越来越大，她的这个目标也逐渐变得明朗起来，于是她干脆就锁定了在微软公司营销部门任一个职位。

早在 1978 年，微软公司就先后超过莲花、阿森塔特、甲骨文等软件公司而成为美国商界最引人注目的一颗明星，所以许多年轻人都想到其间就职，或许仅仅是因为这里有他们崇拜的偶像——比尔·盖茨。

但是让梅琳达更想来到这里的，是她认为如能到微软公司工作，着实是对自己的一种激励。尽管这里高手云集，但如果你真有水平，那这里绝对有你施展才华的平台。

为此，梅琳达曾做过充分的准备。起初，微软公司总裁鲍默尔在招聘启事上注明，这个部门只需要两个职位，竞争的激烈程度是可想而知的。

梅琳达还是相信自己被聘用主要得益于自己的自信，更确切地说是得益于她先前为自己锁定的目标。那时她并没有另一种准备——如果微软公司将我拒之门外，我会让自己选择什么？她没有任何其他的思想准备。信念在这里产生了一种神奇的力量。

在很小的时候，梅琳达便被告知："信念可以改变一切。"想不到它真的让自己受益匪浅。

在招聘过程中有段奇特的面试经过。在那个年代，许多公司并不选择这种做法，但那的确是一个非常有效而有趣的方法。直至现在，微软公司每年招聘新人时，这个程序也必不可少。

微软公司负责这项工作的是鲍默尔，那天梅琳达如约叩响了他办公室的门。这里已经聚集了一些先来应聘的男男女女，大概这些学生模样的人都是选择的同一职业——营销。事先所有人都得知，微软公司在这个职位上只需要两个人，那就意味着至少有90%以上的人会被淘汰。

招聘会的气氛并不像梅琳达想象中的那样紧张，但梅琳达还是不敢有丝毫松懈。

"梅琳达·夫兰奇，轮到你了。"有一个主管模样的人请她到隔壁的一间办公室。

"您好。"梅琳达热情地向一个老板模样的人打招呼，想必他就是主考官了。

他看上去很直爽，说话的声音总是很大，梅琳达当时不知道他是不是对所有人都这样。

"对软件的问题，你能不能说说有多少了解？"她还没有坐稳，主考官便开始问话了。

梅琳达原本想先向他介绍个人的一些情况，看他对这些似乎不感兴趣，便直截了当地说："是的，我对软件很感兴趣，并且在学校的时候曾参与过一些软件的制作。当然，我更喜欢的是微软公司这个团队。"

"这么说，你对软件很感兴趣了，那么你觉得软件是不是无所不能？"

"可以这么说，我们人类可以完成的事情，完全可以交由软件来完成。"

"你认为软件的开发，对人的生活会产生怎样根本性的影响？"

这个问题梅琳达从来没有考虑过，但是她不知从哪里来的勇气，凭着自己的所学知识和自信，她一口气说了一大堆。看来对方感觉不错。

接下来的问题是一个接一个，像是连珠炮，但都与具体的工作没有一点联系。主考官也似乎不想给这些面试的人一点喘息的时间，问题也越来越奇怪。

甚至他问梅琳达："你喜不喜欢穿西装？"

"你喜不喜欢吃汉堡包？"这样的问题那时连梅琳达的母亲都很少关心的。

"这就是微软公司的面试吗？"在梅琳达笔试的时候，就听说过有个主考官很厉害。确实，鲍默尔是个知识渊博而又异常机灵的人。

对此梅琳达抱怨说："厉害，厉害，看来微软公司的钱不好挣。"

前来面试的每一个人，只要一见到鲍默尔，都会感到一种莫名的压力。那时梅琳达被他问得几乎浑身冒汗。后来，她还特意将这件事情讲述给比尔听，比尔得意得不得了："他是我的挚友，我在工作中不能缺少他。"

除了自信，梅琳达更应该感谢幸运之神，由于她出色的表现，很快就得到了微软公司的回复。两天后，微软公司的人力资源部来电："3 天后，如果你有兴趣，可以到微软公司的一些地方看看。"

从此梅琳达正式走进了微软公司，成为了它的一分子。

梅琳达天生爱笑，总是笑口常开，而且笑容很甜。那年，她成了微软公司营销部门的职员。事情并不像她想的那样简单，她需要经常加班。有人告诉她，微软公司的老板是一个不可想象的工作狂。她在脑海中描述着这样一个人：看上去很清瘦，对员工苛刻而又吝啬。出于好奇，梅琳达强烈希望亲眼目睹这位风云人物。

一天早晨，梅琳达刚上班，就发现一个衣衫不整、头发蓬乱的人，像是没睡醒的样子，摇摇晃晃地攀着楼梯闯进来。这哪里像一个白领?! 她赶紧请女上司露丝·华伦去阻止这个"乞丐"闯入。

"你不会是在开玩笑吧，这个人我怎么惹得起?" 露丝·华伦伸了伸脖子，看样子不像在说谎。

"难道他是董事长? 不可能的。" 梅琳达非常自信。

露丝·华伦告诉她，那人确实是比尔·盖茨，所有见过他的人都会感到失望。从此，每每看到董事长时，梅琳达都会对他产生一种异样的感觉。或许这个世界上，天才与乞丐原本就没有什么两样，上帝不断造化着这样的天才——爱迪生、爱因斯坦，现在又多出了一个比尔·盖茨。

在梅琳达进入微软公司的第二年，她依然没有机会与这个看似古怪的董事长说过一句话，尽管他们有时擦肩而过。

　　比尔最看重的是一个人的才华，他最赏识能为公司作出贡献的人，而在微软公司脱颖而出确实不是件容易的事。但梅琳达很幸运，在一个偶然的机会，她注意到早期 Windows 系统中一个致命的错误，并及时将它反馈给露丝·华伦，公司因此避免了巨大的损失。这件事引起比尔的注意，从此，梅琳达的名字便出现在他的日记本上。

　　从那时起，比尔便萌生了一个念头——微软公司出现如此出色的女员工，一定要抽时间拜访她，这比什么奖励都重要。

　　一天傍晚，梅琳达正在办公室核对产品清单，门突然被推开了。"噢，怎么进来之前连门都不敲一下?!"梅琳达心里嘀咕着，但马上发现是董事长，她心里又惊又喜。

　　这已经不是她第一次见到董事长了，但她从董事长的眼神中仿佛看得出来，他对自己还非常陌生，很久他没有说一句话，只是环顾四周。董事长先前的那股"霸气"开始渐渐消退，进而表现出一种非常的深沉，这让梅琳达一时不知所措。

　　为了打破这种局面，梅琳达有点腼腆地问他："董事长先生，您有事要指示吗?"

　　比尔并没有正面回答她的问题，只是与她谈了些无关紧要的事情。那时，梅琳达的心里乱糟糟的："是不是出了什么乱子了? 要是那样，他应该批评我才对。要么是大祸临头了，说不定我会被踢出微软公司的。虽然工作很多，可是我的工作没有出现什么差错呀。"

　　恍惚中她还是表现得很镇静。比尔又问及梅琳达工作的计划与执行情况，他总是语无伦次。面对这样一位有些神经质的董事长，梅琳达不知从哪里来的勇气，竟然说起来没完没了，而且还一套一套的，很少留给比尔插话的机会。

　　末了，比尔只是鼓了几下掌，表示非常赞同她的看法：

　　"梅琳达小姐，你有这样的才华，而我却一直不知道，这是我的失误。"

梅琳达非常激动，是啊，还有什么赞赏的话比这直白的表扬更能让梅琳达的心感到欣慰呢？

下班的时间到了，可是董事长迟迟没有要走的意思，他们还一直谈论着公司的经营方略问题。

的确，那一次谈话让梅琳达备受鼓舞。也正是这次谈话，让梅琳达更真切地感受到了真实的比尔·盖茨。他的生活、工作原来完全出乎她的意料，从这个意义上说，她觉得董事长绝对是一个值得任何人去崇拜的人。

能得到董事长的赏识，梅琳达已经感到相当知足了。作为一个一般职工，这就是最大的满足了，她还有其他什么奢望呢？眼前这个比尔·盖茨不仅是她的董事长，她觉得更重要的还是她的老师、她的大哥，一种女性特有的崇拜感油然而生。

他们两人谈论了很久很久，谈得非常投机，不时传出比尔·盖茨那天真的笑声。这是梅琳达到微软公司工作以来，最倾心的一次谈话，也是多少年来最开心的一次谈话。

她真没想到，跟微软公司这样世界级企业的老板能有共同语言，能够非常默契地沟通与交流。

夜已经很深了，但他们依然谈兴正浓，话题还有很多很多。随着一阵沉默之后，董事长站了起来，非常热情地邀请梅琳达一起共进晚餐。这更让梅琳达感到受宠若惊。不用说因为工作，不用说吃一顿晚餐，就是到世界上任何一个地方她都愿意。

虽然，梅琳达是位非常腼腆的女性，虽然她一般不接受男性的邀请，但觉得还有许多话没有说完，她因此非常坚决地坐上了他的跑车。梅琳达想除了还要接着谈话，除了是董事长的礼貌邀请，她当时没有其他任何想法。一种女性特有的感觉袭来，她毕竟是一个非常成熟的大女孩了，但她认为那是不可能发生的，连她这么自信的人都感到自卑了。

后来，始终不能让梅琳达相信的是，就是那次谈话，使比尔锁定了她这个"猎物"。真是不可思议！即使这样的事情再次出现在梅琳达的眼前，她还是不敢相信。

后来，比尔又多次邀请梅琳达一块儿去吃晚餐。那时，梅琳达根本不敢想象他潜在的动机是想让她成为他的女友，甚至情人与夫人。因为那时关于他的一些绯闻早已满街飞了。

梅琳达开始深入了解比尔的感情问题。从一些人的谈话中，她了解到比尔在情感上一向是一个花心的男人。特别是他与温布莱德一直保持着一种特殊的关系，这是人人皆知的事情。梅琳达认为自己没有什么可以吸引比尔的，他们之间有关工作性的谈话怎么会产生特殊的关系呢？

后来，比尔在笔记中回忆他们初次的谈话时写道：

正是那次谈话，让你完完全全地征服了我的眼睛、耳朵、嘴巴、脑袋，甚至心灵。

后来，比尔经常煞有介事地到梅琳达的办公室进行例行工作检查。每次，他都会与梅琳达谈一些工作上的事情，但看得出来，他的心思并不在此。

接下来，梅琳达总猜到他会说："梅琳达小姐，我可以请你吃晚餐吗？"或是说："让我们去跳舞好吗？"

面对这个"傻"得近乎可爱的大男孩儿，梅琳达无法回绝他一次又一次的邀请，这不仅仅因为他是董事长。那段时间，餐厅、体育馆、舞厅成了他们经常光顾的地方。

1990年盛夏的一天，他们有了一次非常特别的约会。比尔打扮得比较帅气，梅琳达差点认不出来，非常意外。那简直是接见外宾的装束，是微软公司人很难看到的。那也是他们相处两年来，比尔第一次身穿西装一副绅士派头与她约会。

喝咖啡时，比尔始终含情脉脉地盯着梅琳达。平日里，比尔也有害羞的时候。遇到梅琳达直视的目光时，他会不知所措。梅琳达心里暗暗琢磨，比尔今天到底在搞什么呢？

一向非常害怕捕捉到梅琳达目光的他，这次却变得异常坚定，不断直视梅琳达的眼睛，一副有话难说出口的样子。这反倒让梅琳达不知如何是好，除了回避那火辣的目光，只是偶尔微微一笑。

为了打破僵局，她只好尴尬地问他："你在想什么？"

"我想说，我爱你，梅琳达。相信你会感觉到我的爱的。"

梅琳达几乎要晕了。她不敢相信那话是真的，觉得自己仿佛在梦中，不知该如何回应。比尔此刻却像一个什么都不懂的小孩子，完全被梅琳达的沉默给镇住了：怎么？她讨厌我对她说这些，我是否应该向她道歉？他愣了很久，再没有说一句话。

梅琳达最终告诉比尔："我们不合适。"那时，她真的从没想过他们之间的友情会发展成恋情。

梅琳达像其他女孩子一样，始终希望自己的丈夫是个可靠的男人，却并不一定要求他是个大富豪。她更愿意过平凡的家庭生活。

那次约会之后，他们之间的关系发生了一些微妙的变化。比尔不再三番五次邀请梅琳达吃晚餐，也不再提那个"爱"字，梅琳达也没有因为他的求爱而刻意与他拉开距离。他们一个怕强人所难，一个怕受到伤害，但始终都保持着风度。

不久后的一天，梅琳达办公室的电话铃响了。她像往常一样顺手抓起电话。

"梅琳达小姐吗？我想约你共进晚餐。"电话那边的比尔还是用同一个声调说。

"噢，真是抱歉，这次恐怕不行，因为我手头的工作很多，改日可以吗？"梅琳达拒绝了他的邀请。

"不行！我要与你谈谈新工作。"说完，他便挂了电话。

比尔竟用董事长的口吻命令梅琳达立刻停下手中的工作，她只得听命。来到华盛顿大酒店，梅琳达希望比尔首先告诉她工作的议题，比尔只是神秘兮兮地说："不用着急。"

梅琳达不知道他又要耍什么花招。一间客房的门打开了，映入眼帘的既不是等待的客户，也不是丰盛的晚餐，而是一块足足一米见方的大蛋糕！它旁边还插着各种色彩的玫瑰。房间里响起美妙的音乐："祝你生日快乐，祝你生日快乐……"

梅琳达的心狂跳。恍惚间，她才意识到，今天是自己26岁的生日。想到比尔每天那么忙碌，还能记得自己的生日，并且花心思准备了这样一个隆重而特别的生日礼物，梅琳达情不自禁地扑到他怀里，流出了幸福的眼泪……

就是这次别出心裁的生日贺礼，一份精心设计的生日祝福，让比尔彻底敲开梅琳达的心扉，他们开始牵手恋爱了。

1994年1月1日，夏威夷群岛绿树成荫，阵阵海风卷起白浪，蓝天碧海，椰影婆娑，一场豪华婚礼在这里悄然举行。比尔和梅琳达在这里接受着众人的祝福。

梅琳达的容忍和苦心换来了家庭的完整和谐。1996年，他们的第一个孩子詹妮弗出世。梅琳达辞去微软公司的工作，当起了全职主妇，并积极投身于慈善事业，这得到了丈夫的大力支持。

几年来，盖茨与梅琳达的分工相当明确：丈夫挣钱，妻子捐钱。1999年，盖茨夫妇还把他们原先建立的两个基金会合并起来，命名为"比尔和梅琳达基金会"，并另外捐助了60亿美元，使之成为世界上最大的慈善基金会。

该基金会捐资主要集中在梅琳达最关注的两个领域：少儿医疗保险和教育。在梅琳达看来，这是缩短贫富差距的关键。

热衷于慈善事业

1999 年，比尔的第二个孩子罗瑞·盖茨出生。这时梅琳达辞去了微软公司的工作，成了一名名副其实的家庭主妇，随后又进入了慈善基金会工作。

她告诉比尔，她更愿意在脱离微软公司之后同时做好两件事情：家庭与慈善事业。因为这对于一位女性，尤其是像她这样一位女性来说，更是一种平衡的生活。

比尔非常赞同妻子的看法。

可以说，在慈善事业方面他们有着共同的志趣与想法，即使在平日里，他们夫妇最喜欢看的一本书就是大慈善家卡耐基所著的《财富的榜样》。他们对于书中"身怀巨富离世的人其实走得最不光彩"这句话触感很深。

的确，这句话曾带给许多人思考与感慨，或许这才是比尔夫妇热衷于慈善事业的初衷，而并非像有些人所称的那样是纯粹的利他主义，或是为了节税。在两人看来这些都是无稽之谈！

在梅琳达正式告别微软公司进入基金会之前，她还经历过一件不愉快的事。

比尔一向喜欢将公司的每一个主管叫到一起，大声来一次关于创造力的喧哗。他的演讲稿几乎从来都是自己写，更多的时候，员工喜欢他的即兴演讲。

他的口才确实很棒，当然也很幽默。在与比尔一起埋头苦干的那段日子里，梅琳达很欣赏比尔在公司会议中讲话的幽默。不过有一些很有见解的员工会对比尔的讲话提出一些质疑，然后，比尔对他们的回答便是没完没了，直至那些员工再也没有什么问题可问为止。

不可否认，比尔主持会议很有特点。有时，许多人对他感到反感，当然也有一些人很乐意听他讲话。

一次，公司举行人事任免会议，有6个部门经理都已在座了，偏偏还有几位没及时赶来。比尔便再也坐不住了。那时梅琳达以为他要对那些迟到的人发脾气，后来他却表扬了那些人。

原因很简单，后来比尔告诉她："在等这些讨厌家伙们的时候，我才发现自己没有准备好回答那些令我感到头疼的人的问题，恰巧有个迟到经理给我带来了那时我急需的一些文字材料。"

那次会议气氛很热烈，比尔被问到了许多棘手的问题。因为，谁也不想听到自己被董事长比尔宣布降职或是调离，所以大家都争着发表自己的看法，并极力表现自己的业绩。其中有一位运筹部门的小个子经理卡伦·科德，他并没有急于发表意见。

比尔随后让大家逐个谈谈自己的看法，轮到卡伦时，他便开始问比尔一些问题。他问的第一个问题便是："董事长先生，恕我冒昧，您是如何看待您的太太梅琳达小姐的表现的？"

"糟糕，怎么会问出这样的问题？"梅琳达心里开始有些不安。几乎所有人同时将目光锁定在她的脸上。

"噢，你是说梅琳达的工作吗？"比尔反问道。

"是的。"

"我们是最好的朋友。当然，她也是我的太太，这似乎并不影响我对她工作的看法，我会给她打一个不错的分数。你是想说她工作存在不足？"

"不是，你误解了。我想对您说，梅琳达做运筹工作更合适。"

"这主要取决于她自己的喜好，但是必须要有成效。"

"董事长先生，我想提出辞呈，让梅琳达接替我的位置。"卡伦很诚恳地说。

他的发言让在场的人都惊呆了。谁都知道，微软公司最需要他这样的人。

比尔开始有些坐不住了，他扫视着周围，继而用一种非常明朗的语气说："卡伦先生，我不会接受你的辞呈，我希望你继续留在微软公司。"

在场的人都为比尔的话鼓掌。

卡伦并没有固执下去，他告诉大家："在给法国微软公司做预算的时候，我出了一些差错。这个差错很严重，导致公司损失了 400 万美元。是的，我原以为，董事长会像对待梅琳达那样对待我，所以……"

卡伦提起一年前的那件事，梅琳达心里也很不是滋味，虽然事情已经过去一年多了。

那时露丝到比利时出差，梅琳达临时接任了她的职位，负责公司产品的向外推广。由于大意，她竟在一份协议上签上了露丝的名字。在先前的协议中，双方已经声明，必须由双方的当事人负责签名。这个错误对方也没有发现，于是这年的年初，在账目问题上梅琳达与露丝出现了一些分歧。最后，露丝也不肯插手这件事情。为了赢得客户，比尔只得承认这笔损失。

那时，比尔对梅琳达的工作提出过尖刻的批评，他抱怨她："你怎么会犯这样的错误?! 我不希望他们怀疑我们的诚信。"

卡伦那时是第一个站出来反对梅琳达的人，他不同意营销部由这样一个涉世未深的女子来负责，所以他们结下了这段工作上的"恩怨"。

幸好，卡伦留了下来，要不他也会像露丝一样离开微软公司。那样，或许梅琳达会很难堪的。几次经历之后，梅琳达对从前母亲从事的工作——主管，开始失去兴趣。尤其是作为比尔的妻子，她虽然认为自己可以将这份工作做得很好，但是，不可避免的错误无形中让比尔显得有些被动。一度她想着如何脱离微软公司，这样可以将这个职位留给其他的人。

统管微软公司的比尔，在工作中，面对妻子的失误，无论从哪方面讲，他都应该提出自己的批评，否则，梅琳达在同事面前会觉得很难堪——随便哪个人都会对她敬而远之。

虽然这样的事情从那次事件后再没有发生，但梅琳达做好了一切准备。因为，在微软公司任何不愿接受批评的人，都不受人欢迎，比尔也不例外。他在更早的时候把自己的邮箱告诉所有的员工，如果有些员工对他有成见，比尔会一一回复。

曾几何时，梅琳达也做起了一名很不自在的经理。她不愿更多地给自己的员工提意见，只因为她是比尔的太太，她要对自己的言行保持谨慎。尤其是在她离开微软公司的半年前，工作状况是她有史以来最糟糕的。

终于在1999年，梅琳达在一次病痛中决定离开微软公司，而比尔竭力说服她可以到慈善基金会工作。或许那里没有"功"与"名"的争执，是最适合她的。经过比尔的一番开导，梅琳达终于又开始了人生中的第二次职业生涯——微软公司的慈善基金管理处职员。

是的，在这里，她有着一种与世无争的感觉。虽然这时她的主要工作还是呵护自己的两个孩子，但她会抽出时间管理慈善方面的一些事务。慈善基金管理对她还是一件相当陌生的事情。虽然在这里工作的人不多，但是许多美国知名的企业家、大学教授，或是其他业界人士，都与这个基金会有着密切的往来。

并不是为了单纯的生活让梅琳达全身心地投入到这份崭新的事业当中，在梅琳达成长的各个阶段，她都曾受到过慈善组织或其行为的影响。

最初，梅琳达的母亲依莲经常会讲给她自己童年时遇到的那些拥有爱心的人。后来，母亲也经常参加一些慈善组织的活动，例如捐一些东西给那些穷人，或是无家可归的人。

　　有一次母亲将梅琳达的一套新棉被捐赠给了镇上的一个慈善组织，那原本是外婆买给她上学时用的。在学校她也几次目睹了一些贫穷学生从学校的助学机构那里领来一些物品，或是学习用具，也有一些零用钱。

　　每次，她都会为此感到不自在。因为，在她的身边曾有一位依靠慈善救助而完成学业的学生，这个学生一个月的生活费竟不足普通孩子的1/3，也很少见他吃到好一点的饭食。

　　那时，一些聪明的学生并没有当着大家的面施舍这些家境贫穷的学生，怕他们感到难堪。几乎所有获得救助的学生都有一个共同的特点，宁愿过着清贫的生活，也不接受有损自尊的施舍。所以，梅琳达那时会节省一些零用钱并寄存起来。在一年当中，她会不时地将这些钱捐给学校的慈善会。

　　而最能触动梅琳达心弦的便是1993年深秋她与比尔的非洲之行。她生平第一次在那里看到了人间的另一个世界。自那时起，她便不敢轻易相信一些媒体或是报道。

　　那里有些人的生存状态远不是媒体所介绍的那样好，即使在非洲相对比较富裕的南非，这个国家中大部分处于上等生活水平的人群，其生活状态也不比美国享受社会福利的人好多少。看着那些饥寒交迫、骨瘦如柴，或是很早就弃学、帮家里务农的孩子，一个新的认识在她的心中诞生了：

　　"我们常会说人间地狱，这或许就是我所看到的最真实的写照。"

　　这里几乎没有什么社会福利，更谈不上像美国公民可以享受的各种保险，或是政府补贴。所有这些都深深触动了梅琳达的心。

　　当然，同时被触动的还有同行的比尔的父亲亨利。他是一位始终热衷于人类慈善事业的老人。他接管了儿子创建的世界上最大的慈善基金会。在他的带领下，这个组织规模越来越大。他将大把的钱用来资助全球各地的医疗与教育事业。

在微软公司名气与财富同步增长的同时，外界要求微软公司捐赠的信件也像雪花一样飞来。

比尔的妈妈玛丽是一位颇有社会责任心的人，她经常开导比尔："你应该学会做一个好公民，一定要为社会多做些事情。"

比尔最初并不能听进母亲的话："妈妈，我有一个公司要管理。我为社会能做的最好的事情，就是让这个企业更加成功。"

不过，最后比尔还是向母亲屈服了。在父母的引导下，比尔也开始非常热衷于慈善事业，他认为这些钱也应该用在高等教育上，所以他曾经向玛丽的母校华盛顿州立大学捐赠了1200万美元。

2001年1月的时候，为了便于管理，比尔将原先设立的两个基金会统一起来，并改称"比尔—梅琳达基金会"，这成了真正意义上盖茨家族的慈善基金会。

这时，基金会的资金储备更多了，达到了240亿美元。同时，比尔还将自己的一些股票也投入其中，加上其他一些微软公司高层的参与，致使基金会的资金来源相对充足了很多。由于业务量的突增，亨利决定让梅琳达与他分开管理，亨利主要负责资金，而梅琳达主要负责援助计划的实施与审核。

曾为了慈善事业，亨利与梅琳达走访过世界许多地方。他们在2000年走访了南亚的一些国家，他们吃惊地发现，世界上有许多儿童竟得不到在美国人看来是理所当然的东西，如疫苗、营养食品，甚至干净的水。

每当他们回来之后，梅琳达都要进行仔细研究。她发现，如果他们能提供一些疫苗或是食品等，实际上他们便能以很低的费用每年拯救数以百万计的生命。与她的看法相同，比尔也觉得这件事情不宜再拖下去，要是等到自己失去工作能力再去做这件事，那只会留下一生的遗憾。于是他们决定将这些贫困地区的妇女与儿童纳入到资助的对象中。

还有一件感动过梅琳达的事情，这一度让她对慈善事业更加投入。

西雅图市郊区的一个小镇曾经发生了一件事情，当地一个青年吉姆·法雷死得很突然，留下妻子与 3 个儿子相依为命。他的长子也叫吉姆，才刚满 10 岁，因家里没有多少钱，不得不去瓦厂做工。他的工作是搅土，并将它们放入模型中，做成雏形，再排列在太阳下曝晒。

其余两个小孩，一个 6 岁，还没有上学；一个刚学会说话。他们的母亲看上去很瘦弱，一家 4 口人只能依靠政府的救济生活。这也是梅琳达 20 年来看到的最凄惨的家庭。后来，基金会决定资助两个孩子的所有学费，直至他们读完大学。这也是梅琳达参与基金会事务以来救助的第一批失学儿童。

这件事让她产生了深刻的认识——她觉得世界上再也没有一件事情比这更有意义、更宽厚仁慈了。

自从这个基金会成立以来，向各种慈善机构的捐款已近 40 亿美元。现在，每天都可以收到大约 3000 多份赞助申请。虽然现在这个基金会的基础资金已达近 300 亿美元，并且还有许多资金在不断注入，但是目前他们只能每年赞助 300 多个项目。

在美国，这个基金会主要是为低收入家庭的孩子提供奖学金，此外，还给一些学校或是图书馆捐款。在世界的其他地方，基金会则更侧重于医疗健康事业，至今他们仍在寻求与在儿童疫苗领域中作出杰出贡献的科学家合作。

他们也开始注意到了一些机构，如联合国以及其他一些致力于儿童与妇女服务事业的组织，他们希望能与这些机构、组织合作。

比尔曾计划在有生之年能够捐出 1050 亿美元的资产。这是一个了不起的数字，它几乎接近微软公司现在的所有资产总额。

作为这个基金会的管理者，亨利在接受英国《星期日泰晤士报》

的采访时表示："我的儿子因为其财富正受到许多不公正的偏见与批评，但是我很乐观。大量地捐钱只能证明我们的豁达，我们不在乎这些指责。"

这或许是盖茨家庭的真实想法。

1999年6月，在征求了梅琳达的意见之后，比尔决定捐出10亿美元以帮助那些无法完成大专课程的部分学生。这是比尔个人捐助中数目较为庞大的一次，甚至有人称它为"盖茨千禧奖学金"。

这项工程主要由美国联合黑人大学生基金会来管理，西班牙裔学生奖学金基金会与美国印第安大学生基金会也都十分支持并参与了这项计划。

黑人大学生联合会基金会的主席及首席执行官表示："这项援助工程将对消除高等教育中的某些不公平现象具有历史性的意义。它可以使教育的大门向所有原来没有机会得到进一步教育的人敞开，我们看到了未来的领导人因此而产生。我们非常感谢比尔夫妇的这项善意举措。"

预计，这笔奖学金在此后的20年当中，每年至少可以资助1000名高中生修读教育、数学、工程，以及计算机专业的课程，甚至可以解决他们的住宿费与学费。获奖学金资助的学生将获得整个大专教育的费用，包括他们将来研究生学习的费用。

一些批评人士仍然质疑比尔此举是否纯粹出于利他主义，因为比尔曾一度被批评人士认为他是以大笔捐款作为节税之道。比尔—梅琳达基金发言人尼尔森曾否认过他们的这种看法：

"我们之所以这样做，是因为，我们觉得这是正确的，没有其他可以隐瞒的理由。

"如果有人硬说那是为了节税，从逻辑上也是说不通的。当然，我们获得更多的支持者，莫过于那些从事艾滋病等一些疾病研究的科学家们。无疑，这又会给他们输入新的资金。"

也有许多医学专家站出来表示支持："这样做太好了！我们绝大部分的工作都集中在发展中国家，而医药公司对这些地方不感兴趣，因此我们极其需要这笔资金。"

2002 年，比尔参加了在瑞士召开的世界经济论坛年会，在会上他宣布一项重要的行动，这便是比尔—梅琳达基金会与美国国立卫生研究院共同提出的两亿美元的生物学研究项目计划。在一些贫困国家，尤其是非洲，每年都有上百万的人死于各种疾病，诸如肺结核、疟疾等。这一笔赞助资金主要用于这些疾病的特效药研究开发上。

这一行动的管理工作交由美国国立卫生研究院基金会负责。该基金会是一个成立于 1996 年的慈善组织，它与比尔—梅琳达基金会有着良好的合作关系。它的主旨便是促进与其他慈善组织或是团体的合作，负责把握基金会的科研方向。他们认为，这一行为有利于支持"高风险、高影响力的科学工作"，同时也是 NIH 主要资助项目，即研究者感兴趣项目的补充，这样有助于吸引全球顶级科学家来关注健康问题。

当然，梅琳达与比尔更愿意它成为一个真正意义上的国际计划，就此，他们曾与英国伦敦的两所医学院与英国研究慈善基金会进行过相关事宜的洽谈。对于这个计划，他们在一些共同关心的问题上双方取得了共识。

世界上每年用于医学研究的经费高达 700 亿美元，可是其中只有不足 10% 的经费用于研究造成残疾、死亡的疾病。这是一个巨大的悬差，所以比尔将这个计划视为是对这种现状的一种挑战："在解决全球健康问题上，科学与技术有很多机会，但是我们需要更多的是资金。"

美国消费者权益协会的活跃分子纳德曾写信给比尔，在信中纳德告诉比尔他希望带领全球 358 名亿万富翁召开一个会议，讨论美国及全球贫富悬殊问题，以及解决的方案，并期望通过这次会议来制定一项资助穷人的计划。

他为了能说服比尔，在信中列举了一连串的数字："比尔财富超过1000亿美元，比占全美国40%的穷人的财产总和还要多。美国是全球贫富差距最大的国家，占1%的富翁资产比占90%的穷人资产还要多。全球358名亿万富翁的总资产超过穷国30亿人口的总收入。"

当这封来信被公开以后，在美国引起了不小的轰动，许多人都拭目以待：比尔将如何行事。比尔告诉公众，他会自主地参与到这种活动中来，以此来回报社会！

这是一个人性的问题。梅琳达也相信他们的行动会带动更多的人，以使他们投身于这一领域——人类的慈善事业。的确，许多事实表明，这一领域开始越来越敏感，越来越受到人们的关注，也得到了人们越来越多的支持。

2003年初，美国一家公司终于在全球首次完成了一种艾滋病疫苗的Ⅲ期人体临床试验，结果却令人感到失望。

试验结果显示从统计学意义上说，那种疫苗对受试者基本上没有什么保护作用。

那么，艾滋病疫苗何时才能研制成功，这也是比尔—梅琳达慈善基金会一直关注的问题。

显然，就目前而言，从他们与一些医学专家的接触中不难看出，医学界对此都表示出相当谨慎的回答。

但是美国艾滋病研究中心的亨达夷告诉基金会，全球每年感染艾滋病的人高达1.5万人。这位科学家还说，艾滋病仍然是全球最需要关注的问题。

世界卫生组织与联合国在2003年上半年发布了一份最新报告，他们预计，以目前速度流行的话，至2020年，死亡人数还会大幅增加。

这份报告是多么可怕的数字！在这种情况下，迫切需要加快艾滋病疫苗的开发进程，资助研发艾滋病疫苗成为比尔—梅琳达基金会最重要的援助计划。

从另一方面来讲，在比尔—梅琳达基金会设立之初，它的宗旨就是解决教育、医疗与儿童问题，所以在世界卫生组织，以及一些科学家的倡导下，比尔很愿意每年从基金中拿出一部分钱投入到艾滋病疫苗的开发上。

但是，由于艾滋病疫苗研究开发的特殊性，在全球 700 亿美元的慈善基金中，仅有4%用于了医疗健康，这是远远不够的。一些国家在这方面的投入也非常有限，所以经常会有一些科学家到政府部门游说。

比尔—梅琳达基金会也曾组织过这样的活动，但这只是一种形式上的活动，并不能解决根本问题，问题的最终解决需要更多的政府机构与慈善机构的投入。

也有人将这项计划与人类基因组计划相比，但梅琳达却认为，人类基因组计划更像一个工程计划，基因序列测定肯定是可以在规定的时间内完成的。

而全球艾滋病疫苗开发计划则是一项科学探索计划，其成功的时间难以测算，也就不能主观地设定它的时间进度。

从这个意义上说，全球艾滋病疫苗开发计划与自 1970 年起在美国开展的"癌症计划"更为相似。在"癌症计划"刚刚启动时，曾有人提出过在 10 年内攻克癌症。

结果直至现在，癌症还是医疗界棘手的难题。

比尔—梅琳达基金会的一些分析人员认为，在艾滋病疫苗的研究过程中，全球至少需要建立 10 个左右的开发中心，他们将会根据进展情况提供必要的一些经费。

当然，他们正在争取其他基金会、企业界、政府部门的支持。

未来的幸福之家

对于比尔来说，"家"是一个相对简单的概念，但他却从中得到两种"平衡"，即家庭与事业平衡，情感与生活平衡。

结婚之后，梅琳达依然就职于微软公司，但她很不愿意在公众场合公开自己的身份。因为在她看来，那会惹来很多不必要的麻烦。这一点在许多美国妇女身上极为少见。

她也曾写信给昔日的大学同学和从前的邻居，请他们不要在媒体面前谈到自己，包括她的婚姻与家庭。甚至她不愿意让自己的母亲依莲·夫兰奇说出这一切。

令梅琳达欣慰的是，依莲做得很周到，每当新闻媒体问起关于女儿的一些问题时，她总会告诉他们："我被告知，如果你们需要任何信息，应该打电话给微软公司。"

在工作当中，总不免有些人会打电话询问梅琳达的一些情况，那大概是些媒体想从中打主意。梅琳达非常讨厌他们这样无视自己的工作，让她整日沉浸在一种没有了方向的生活中。

由于梅琳达的"聪明"使得她可以经常"平安无事"地陪着孩子出没于麦当劳餐馆，可以安心地坐在公园长椅上。没有媒体与公众的狂热视线，不仅会得到一份坦然，更重要的是她可以紧紧地捍卫只属于自己、比尔和孩子的秘密空间。

比尔在谈到自己的生活偏好时，他总是说：

> 人工智能、伟大图像、塑造令人喜欢的事物的编辑工具，以及与聪明的人一起　　是我狂热着迷的事物。

比尔没有诓骗大众，他与梅琳达的家便是在比尔这种偏好的诱使下一手造成的。

这是一个非常别样的住宅，无法用一般意义上的豪华来形容，它看上去就像一个小村庄。这里很特别，有时会让梅琳达找不到家的感觉。

这是比尔花了 7 年时间，用去了近 7000 万美元建成的。它的问世也曾惊动了全美，因为这完全可以称得上是世界上最昂贵的私人住宅。与其说家，还不如说更像是一个社区或娱乐场所，但是他们都不愿意对外公开。

其实，早在 1988 年，还是单身贵族的比尔就开始为自己梦想的家园张罗了。他请了全美最出色的建筑师梅迪拉为自己设计这座豪宅。他花了 400 万美元买下了西雅图华盛顿湖畔近 540 多亩的土地，还有 120 多米的湖岸。

比尔决定将大约 80% 的建筑置于地表。在建筑风格上，比尔要求与他们邻居的建筑相仿，否则会引起他们的不安与愤怒。

不光是这些邻居，即使梅琳达也并不认为这一定就是一个五星级的家，它更像是一个未来世界的家，或是科幻梦想成真的家。

相信许多人都想一睹它的风貌，当然，亲眼目睹过它的人并不多。如果说对它的内部用巨大宽敞、金碧辉煌来形容一点也不过分。这是比尔的所爱，也是 21 世纪超级富豪们热衷于修建展现个性风格的住宅。在这里，展现的是一个高科技、智能化的豪宅。

它由 3 座相连玻璃楼阁与呈圆拱状的会议中心构成。包括 6 个商用厨房，7 个卧房，一个 5 米宽、18 米长的室内游泳池，一个有 20 个座位的小电影院，还有一个计算机中心，以及许多办公室，还有停车场与图书馆。

　　整个住宅根据不同的功能被分为 12 个区，通道进出口处都装有机关。来访者通过通道口时会产生个人信息，例如他的指纹、声音等，这些都会被作为来访者的资料而记入电脑中。

　　在所有的房间里几乎都铺设了光纤电缆，所有的电脑与服务器都被联结了起来，这样便可以控制屋内所有高科技设备。

　　比尔可以坐在车里遥控家中的一切，例如可以调节浴池的水温与深度。屋内与屋外的地面都有加热装置。甚至地板还被做成了一个巨大的传感器，当有人进入屋内时，地板会根据外界条件来调节房间内的温度、亮度与空气湿度。

　　如有客人来访，计算机系统会根据客人喜好自动调节室内音响与电视系统。只要客人在胸前戴上一个小小胸针，电脑便会识别他的位置，并提供周到服务。整个家具融音乐、音响、影碟于一体，由计算机中心控制，非常有趣！

　　当然，智能化程度最高的便是比尔的会议室。在这里，随时可以上高速互联网，并从中得到所有需要的信息。有时，比尔需要召开一些电视会议，自然，他会选定在这里进行。

　　客厅也非常别致。其中有一个厨房大得令人瞠目结舌，足足可以满足 100 多人同时进餐。当然还有一个可供 20 个人进餐的小餐厅，这两个地方，都是梅琳达的最爱。

　　比尔还特意为自己安置了一个蹦床与一个游戏室。这里的娱乐设施应有尽有，并且非常先进。

　　在所有现代化装饰映衬下，一棵百年老松显得格外有情调，住宅里的传感器可以根据其需水情况，及时浇水。

　　有人开玩笑说，这是另一座加州圣西蒙纪念馆，梅琳达认为它更像是一座未来之宫殿，但是比尔总不忘了将它与自己的微软公司联系起来。家中到处都是高科技的影子，所以小女儿詹妮弗总是问母亲，什么时候可以再增加一个机器人。

倘若是一个电脑盲，走进这里，或许会无所适从。比尔曾向梅琳达表示，要在家里修建一个最现代化的网络中心，展示今天与明天的家庭计算机技术的日臻完美。

对于家的科技化，比尔表示："我并不是要让人人啧啧称奇的科技成为这个房子的特色，我只要让科技在这里扮演一种巧妙、实用的角色。"

早在1995年12月，比尔所著的《未来之路》被翻译成20多种语言在世界各地发行，发行量达150多万册。在书中，比尔生动地描述了未来人类生活与工作的图景，或许他自己的家便是这些图景的雏形。

比尔说：

> 我希望我的房子与周围环境和将要住进去的人的需要相和谐。尽管我想让它从建筑角度上吸引人，但我更希望它舒适。我的房子也是由硅片和软件建成的。硅片微处理器和内存条的安装以及使它们起作用的软件，使这房子接近于信息高速公路，在几年内将会带入数百万家庭的那些特征。

比尔家里拥有庞大的私人藏书室，他说："我喜欢在自己的藏书室里度过更多的时光。"谈到这些，他总是很骄傲，"我从不把阅读当作消遣，对于重要著作，我有一种发自内心的尊崇与渴求。"

有一天，他在吃一顿简单午餐的时间里，竟一口气读完了4本收录杂志，其中包括《美国社会科学》和《经济学家》。

有一次，比尔·盖茨在接受《纽约》杂志的一名记者采访时，他竟出人意料地问道："《纽约》杂志是什么东西？"

他并没有开玩笑，他根本不知道这份杂志。

"我的时间很紧张，所以我必须在阅读方面做出严格的选择。如果津津乐道于以耸人听闻和过分夸饰为能事的报纸杂志，无异于虚度光阴。"

微软公司的职员们这样评价他："比尔·盖茨并不是专门钻研高难学术问题的书呆子。他酷爱体育运动，有时甚至有点表演天才。"

比尔信心十足地说："体育的魅力使人无法抗拒。我在力量抗衡的运动上不及别人，但在技巧性强的项目上，却有自己的独到之处。"

在微软公司的雇员们为他们的董事长庆贺 30 岁生日的时候，比尔在硬木地板上表演的四轮室内溜冰，使他那些衣冠楚楚的下属们个个感到惊异。

"真没想到他还是个室内溜冰高手！"

"他好像无所不能！"

在保罗·艾伦摇滚乐队的伴奏下，比尔翩翩滑动，他舞步轻快，姿态优美，随着摇滚乐节奏不断加快，他的滑动也一再加速。他竟一口气在地板上做了 400 多次旋转，把生日聚会推向高潮。

比尔从小就喜欢水上运动。微软公司的股票上市之后，他花钱买了一艘快艇。现在，每天早晨推开窗户，碧波万顷的华盛顿湖就呈现在他的眼前，这使他无法克制对水上运动的酷爱。驾上快艇在水面上飞驰，望着无际的蓝天白云，迎着扑面而来的凉风，他觉得这是最令人心旷神怡的时刻。

首富的金钱观

比尔在事业上的巨大成功，与他的个性有着很大的关系。在梅琳达刚踏入微软公司的时候，她就被告知，比尔是个非常特别的人。

确实比尔是一个与众不同的人，单从他对待金钱的态度上就可以看得出来。对他而言，创业是他人生的旅途，财富是他价值量化的标尺。

他曾经说过：

我不是在为钱而工作，钱让我感到很累。我只是这笔财富的看管人，我需要找到最合适的方式来使用它。

这就是比尔对金钱最真实的看法。

比尔很少关心钱的问题，也不在意自己股票的涨跌。钱既不会改变他的生活，也不会使他从工作上分心。他经常会告诉那些向他求经的朋友："当你有了一亿美元的时候，你就会明白钱只不过是一种符号而已，简直毫无意义。"

比尔非常讨厌那些喜欢用钱摆阔气的人。他公开在《花花公子》杂志上发表言论："如果你已经习惯了享受，你将不能再像普通人那样生活。而我希望过普通人的生活，我害怕享受。"

作为微软公司的董事长，不关心自己的钱财，也不在乎自己股票在市场上的涨跌，这确实让人觉得不可思议。几乎所有人都知道，比尔更关心他伟大的"微软公司王国"，钱只是他这些事业的产物。

同所有企业家一样，比尔也在进行分散风险的投资，他除了拥有股票与债券外，还进行房地产投资，以及其他行业投资。

虽然比尔是个经营天才，但是他从不认为自己的理财更胜一筹，所以他聘请了一位"金管家"——小他 10 多岁的劳森。比尔除了让他管理自己 50 亿美元的私人投资外，还让他管理比尔—梅琳达慈善基金会的资金。

比尔总是告诉妻子，自己努力工作并不只是为了钱。对待这笔巨大的财富，他从没有想过要如何享用它们，相反在使用这些钱时却很慎重。他不喜欢因钱改变自己的本色，过着前呼后拥的生活，他更喜欢自由自在地独立与人交往。

甚至见到熟人时，他还像从前一样热情地与他们打招呼："哦，你好，让我们去吃个热狗如何？"

在生活中，比尔也从不用钱来摆阔。

一次，他与一位朋友前往希尔顿饭店开会。那次他们迟到了几分钟，所以没有停车位可以容纳他们的汽车。于是他的朋友建议将车停放在饭店的贵客车位，比尔不同意。

他的朋友说："钱可以由我来付。"

比尔还是不同意，原因非常简单，贵客车位需要多付 12 美元，比尔认为那是超值收费。比尔在生活中用钱遵循的话是："花钱如炒菜一样，要恰到好处。盐少了，菜就会淡而无味；盐多了，苦咸难咽。"

所以即使是花几美元钱，比尔也要让它们发挥出最大的效益。

婚后，比尔与梅琳达很少去一些豪华的餐馆就餐，有时候是由于工作而不得不光顾一些高级餐厅。一般情况下，他们会选择肯德基，或是到一些咖啡馆。有时他还会一块儿光顾一些很有特色的小商店。在西雅图有法国、俄罗斯、日本以及南美一些国家的人开设的商店，在那里可以找到这些国家的一些特色商品。

一次，比尔与梅琳达慕名来到一家墨西哥人开设的食品店，这里被公认是西雅图最实惠的商店，刚一进店门，比尔竟被"50%优惠"的广告词吸引了。在不远处的葡萄干麦片的大盒包装上的确写着这样几个字。

比尔似乎不敢相信这个标价。的确，同样的商品在本地的一些商店要比这里的原价高出一倍。比尔有意想得知它的真伪，便上前仔细端详。当他确认货真价实时，便爽快地付了钱，并告诉梅琳达："看来这里的确如同人们所说的那样，我今天很高兴自己没有被多掏腰包。"

对于自己的衣着，比尔从不看重它们的牌子或是价钱，只要穿起来感觉很舒适，他就会很喜欢。

一次比尔应邀参加由世界 32 位顶级企业家举办的"夏日派对"。那次他穿了一身套装，这还是梅琳达先前在泰国普吉岛给他买的用来拍照时穿的衣服，样子还不错，只是价格还不到歌星、影星一次洗衣服的钱。

但比尔不在乎这些，很高兴地穿着这套衣服参加了这次会议。他生活的教条就是："一个人只要用好了他的每一分钱，他才能做到事业有成、生活幸福。"

平日里，如果没有什么特别重要的会议，比尔会选择便裤、开领衫，以及他喜欢的运动鞋，但是这其中没有一件是名牌。比尔认为，自己的成功只与人有关，而与金钱多少没多大关系。

确实，比尔几乎所有创业的钱都是他自己在上学之余打工挣来的，而从来没有向父母伸过手。几乎所有人都钦佩他这点。

现在，微软公司的员工所得的各项收入，即使在美国也是最高的，当然，也是其他公司所不能比拟的。比尔也从不吝啬对员工发放一些奖金。

早在创业之初，公司总经理的年薪就达到了 22 万美元，而那时，比尔每年只可以领取 13 万美元。他认为，自己对公司作出的贡献并不是最大的。

在微软公司还有一些让人不敢相信的数字，每年都会在几千名员工中产生几十个百万富翁。比尔认为，这些钱只是他们成功的象征而已，除此之外，他不觉得还有什么意义。

不论在生活中还是在工作中，有问题出现时，比尔都不会首先想到用钱来化解一切。他甚至没有自己的私人司机，也从没有包机旅行过。

对他来说，钱失去了它对常人那样的诱惑力，他始终保持清醒的头脑："我需要像普通人一样生活，我害怕因为过分享受而失去这种生活。这在许多人看来也并不是一个榜样。"

梅琳达曾经抱怨比尔说："我们的家庭显得如此特别，总会招来别人的非议，他们会说你是个喜欢出风头的人。"

比尔笑着告诉梅琳达："这是不可避免的。当初在我求学的时候，也会有人说我是个不知天高地厚的家伙，可我并不这样认为。我很珍惜每一分钱，我从来都是这样的，这是人类社会的一种趋势，这在我的《未来之路》中已向人们阐明了。"

比尔父母本身的经济收入很丰厚，对于儿子的富有，他们持有什么看法呢？每每有人拿这个问题问比尔，比尔总是不正面回答："我不炫耀给他们看就是了。我会把钱藏起来，埋在草坪下面，现在草皮都鼓了起来。我希望天不要下雨。"

谁都知道，西雅图的夏天是不可能不下雨的。后来，比尔谈了自己的观点："我赚的钱对我的父母来说一点意义也没有。真的，我的钱对我与他们之间的关系一点影响也没有。如果我们中谁生病了，我们可以请最好的医生，钱在这一点上会有点用。但是一般情况下，我们不会谈论钱的问题。"

众所周知，比尔与妻子都十分疼爱自己的孩子，但是在满足孩子们的一些要求上，他们绝对是一对吝啬鬼。比尔从不会给孩子们一笔很可观的钱。当罗瑞还不会花钱，但詹妮弗已经可以拿着一些零用钱买自己喜欢的东西时，罗瑞总是抱怨父母不给自己买他最想要的玩具车。比尔有自己的说法，他认为：再富也不能富孩子。

的确，在钞票中长大的孩子，他们的无忧无虑终将会让他们一事无成。所以比尔夫妻两人宁愿将这些钱捐给最需要它们的人，也不随意交给孩子挥霍。

比尔甚至公开表示过：

> 我不会将自己的所有财产留给自己的继承人，因为这样对他们没有一点儿好处。

在金钱运用上，比尔非常冷静，但是在事业上，有时他会不惜重金让自己的产品打入市场，有时却会避免哪怕一点点无谓的投入。

起初，微软公司的 DOS、Windows 软件便是搭配在个人电脑上的，这样可以让电脑的购买者产生一种想法：这些软件是完全免费的。这样，最终使 Windows 系统软件在市场上的占有率高达90%。在微软公司推出 DOS 的时候，国际商用机器公司虽然与其选择的几家软件公司进行了合作，但是操作系统都是作为配件选购的，消费者可以自行决定购买哪种产品。

尤其是在竞争激烈的时候，比尔会不惜一切代价取得市场，那时，他并不在乎钱的问题。在占领 DOS 市场的时候，其他软件价格都在 50 美元至 100 美元，而比尔会以接近免费的低廉价格——1.5 美元，推出自己的产品。所以，因为微软公司操作系统的普及，客户会认为这些系统整合得很好，便会一同购买微软公司的其他软件。

当互联网开始逐渐发展起来的时候，比尔在竞争中同样没有像其他商家一样把钱看得很重要。那时，微软公司为了与网景抢占网络浏览器软件市场，他会免费赠送客户大量的软件，以及使用手册与免费的服务电话。相比之下，网景的行销则显得很保守。虽然这样让比尔亏损许多，但是他由此获得了大份额的市场。

在电脑软件行业中，许多公司都会出现同样的错误——为短期利润而放弃了建立整个行业构架的机会。通常他们也会非常积极地促销自以为很出色的产品，但却不具有相当的发展潜力。而比尔向来是个具有战略眼光的人，在这一点上，他应该得到人们的钦佩。

微软公司的员工都非常懂得节俭，因此一些人称这是微软公司的"饥饿哲学"。比尔告诉他的员工："我们赚的每一分钱都来之不易，是我们的血汗钱，所以不应该乱花，应花在刀刃上。"

从微软公司创业时起，比尔就非常注重节俭。

一次，兼任微软公司总裁的韦兰德将自己的办公室装饰得非常气派，比尔看到后非常生气，认为韦兰德把钱花在了这上面是完全没有必要的。

比尔对韦兰德说微软公司还处在创业时期，如果形成这种浪费的作风，不利于微软公司的进一步发展。

比尔一年四季都很忙，有时一个星期要到四五个国家召开十多次会议。每次坐飞机，他通常坐经济舱。没有特殊情况，他是绝不会坐头等舱的。

早在1984年，微软公司开始逐渐走向成熟。这年，在美国凤凰城举办了一届电脑展示会，比尔应邀出席。主办方事先给比尔订了张头等机舱的票，比尔知道后，没有同意他们的做法，然后硬是换成了经济舱。

还有一次，比尔要到欧洲召开展示会，他又一次让主办方将头等舱机票换成经济舱机票。主办方认为，比尔坐头等舱便于与其他业界人士进行沟通。

但是比尔知道后，大发脾气，他隔一会儿就走到展示会主持人面前，向他索要200美元。因为头等舱与经济舱的差价正好是200美元。他还气哼哼地说："这200美元我不向他要，向谁要？"

比尔几乎很少回家吃午餐，通常他会在公司以汉堡包当午餐，这已经成为他的习惯了。

有一次，办公室来了一位新秘书，名叫里卡，为了庆祝她的生日，比尔特意带着她与其他几个职员来到一家高级饭店，每个人都点了酒与风味菜肴，只有比尔点了酒与汉堡。

梅琳达认为他很不给里卡面子，对他说："你为什么不点些菜？你那样会让里卡感到难堪的。"

比尔笑笑说："我就喜欢吃汉堡包，没想那些。"

在与员工的相处中，比尔也从不像是个有钱人。他常对人说，与其说他有钱，还不如说他是"软件产业的卓越开拓者与领导者"更让他感到兴奋。他不喜欢什么事都与钱挂在一起，把金钱看成万能。

一次，他在出席会议的时候，主持人给他租了一辆高级轿车，他硬是拒绝了，然后租了一辆很普通的汽车前往会场。

在微软公司，比尔已经成为员工尤其是一些新员工的榜样。他的作风感染了许多员工，所以微软公司员工的朴素也是很出名的。

这并不是说比尔吝啬，或是小气，他是在锻炼自己的意志力，也是在培养员工的艰苦创业精神，无疑这是一种非常可贵的精神。

携手走向听证席

或许是比尔挑战的个性注定了他一生有惹不完的麻烦事。在打官司方面，比尔的父亲亨利帮了大忙，一次次让他化险为夷。

官司一次次纠缠比尔，但每次都会有一个对他忠贞不贰的人站出来支持他，而使微软公司神话一次次向前延续……

比尔尽管没有完成在哈佛法律专业的学业，也没有从事像他父亲一样的律师职业，但在事业生涯中，当被一桩桩官司缠身时，他能很快发现自己学习法律的用武之处。

例如，当出现一些版权官司，或是其他公司的控告，他总会运用自己的法律知识来为自己辩护。

在创业之初，微软公司经历的第一场官司是与 BASIC 语言软件相关的版权问题。一向熟悉法律的比尔并没有在这场官司中失掉什么，相反，这场官司却教会了他在日后繁杂的矛盾与纠纷面前表现得更为成熟。

随着微软公司日益强大，在软件市场开始占有绝对优势，但竞争对手也越来越强、越来越多，到处布满防不胜防的陷阱。尤其是比尔刚刚结婚那两年，关于微软公司的官司接连不断。

在这期间，梅琳达充当了比尔在这些官司中的重要角色，曾多次，他们双双坐在听证席上，梅琳达成为比尔的坚强精神支柱。

在美国硅谷，司法纠纷已成为电脑公司间最普通的事情了。当然，微软公司是被控告次数最多的公司，几乎所有的公司都视微软公司为眼中钉。除了受到对手对他的攻击，比尔还受到了来自官方的反对。

早在 1990 年的时候，美国联邦贸易委员会就开始调查微软公司的市场行为，他们的主要调查目标是比尔提出的对操作系统与应用软件捆绑销售的方式。

最后，他们拿出联邦政府在 19 世纪制定的《反垄断法》控告微软公司。

要知道，19 世纪还没有出现真正意义的电脑，所以利用《反垄断法》控告微软公司只是一个模糊的概念，许多法官只能从浏览器捆绑、限制性定价等细小的局部来寻找借口。

比尔从容地对他们说："微软公司的整个软件销售只占软件业销售的 4%，这怎么能叫垄断呢？"

法院最后宣判，微软公司的软件市场占有额远低于垄断占有额，在未来的几年中不可能形成具有垄断形势的企业。

比尔十分清楚，"官司战"是一场无休止的"战争"。并且他也深信，微软公司是有史以来最成功的公司，当然随之而来的也是更多的挑战，既有立法方面的挑战，也有产品专利方面的挑战，还有规模发展到一定程度对自身管理与经营的挑战。对此，他已做好了打硬仗的准备。

值得一提的是，在那些官司缠身的日子里，比尔更是要投入平时几倍的精力，研读相关法律，也会请一些律师，还要翻阅公司的备忘录，以及搜寻对方的一些材料、信息。而在这时候，梅琳达会尽力帮助比尔，她不希望比尔独自面对挑战。

1997 年，比尔常常与安迪两个人在一起比较备忘录，他们想从中发现这些烦人的事到底有没有值得借鉴与反省的地方，或者说，那些死缠蛮打的公司为什么一定要与微软公司对抗，所以在繁杂的官司中，比尔并不显得被动。

比尔也心知肚明——几乎美国所有的软件公司都会站在微软公司的对立面，即使政府的一些工作人员也对微软公司不抱有好感。只不过微软公司的强大，让他们感到束手无策。

从微软公司大大小小的案件中，比尔认识了不少司法部的官员，还有一些地方法院的人，他们无一例外地都主张微软公司掏腰包解决问题。

这里有很多例子。如20世纪90年代，"微软公司垄断案"便是人们听到的关于微软公司最多的案件。联邦政府甚至有过拆分微软公司的企图，或是期望微软公司拱手将大量的市场让出来，这些无疑会让微软公司损失巨额财产。

那时比尔对妻子说："梅琳达，我们宁愿将钱捐给需要它的人，或是一些医疗机构，也绝不会用来消灾，何况他们没有理由指责我们。"

的确，微软公司与司法部积怨很深。

比尔虽然经常会被竞争对手和司法部抨击与反对，但是微软公司还是与瑞士的艾波比公司并列为世界上最受尊敬的企业第二名，通用公司则赢得第一名。

不可否认的是，在事实的面前，面对铁的事实，比尔骄傲地把腰板挺得更直了。

对于比尔与他的微软公司来说，1997年至1998年的冬天，是被围攻的寒冬。微软公司的竞争对手聘请的游说人士掀起了一场反微软公司的狂潮。

早在1993年针对微软公司展开的反托拉斯调查也加快了脚步，微软公司的一举一动都备受司法部的关注。也正是由于司法部的反对，1995年微软公司曾放弃过以210万美元的代价收购软件制造商直觉公司。后来，司法部又调查了微软公司在苹果电脑公司那笔1.5亿美元的投资。

除此之外，司法部于1996年再次把微软公司拉上了法庭，他们声称微软公司有意扭曲、曲解他们曾在1995年下达过的指令。

那时，微软公司提供电脑制造商独立的 Windows95 操作系统，在这套操作系统中附带微软公司的网页浏览软件——因特网探险家。

司法部对此感到非常不满，他们认为微软公司在肆意扭曲他们的意图，于是希望在法庭上向比尔讨个说法。有来无往并不是比尔一贯的作风，这一年，比尔与梅琳达又一次携手走进了法庭。

司法部的一位律师乔尔·柯莱恩甚至称："微软公司有想推翻法院的指令以及诉讼策略的赤裸企图，这公然冒犯了法院的权威。"

还有一些法院人士认为："微软公司已经从捆绑产品出售，演变成捆绑经销商的双手。微软公司越是继续这种行为，消费者权益越是受到损害。"

比尔气愤地说，政府对微软公司的严密调查，简直是一场"政治迫害"。

政府官僚、新闻媒体、评论家，纷纷表示对比尔的这种说法难以接受。

评论家拉斯·麦尔茨说："共和党员一直宣称，美国司法部长不敢挑战一位世界上最有权势的人。现在很清楚，这一位好像指的是比尔·盖茨，而不是比尔·克林顿。"

不论是媒体报道，还是人们街头巷尾传出来的故事，只要提及一些公司如何在微软公司手中吃亏，便会认定是微软公司做了见不得人的事情。

这是一个商业社会，比尔他们做的只是让自己在竞争中生存下来，所采取的方法、手段都是合乎法律的，根本不存在欺诈与豪夺的成分。

可是，许多人还是对微软公司持不公正态度，不光是国内，甚至在海外，微软公司也会连遭炮轰。

日本主管当局尾随美国司法部之后，于 1997 年对微软公司展开调查，欧盟的反托拉斯当局也及时跟进。

比尔的一些朋友有时劝比尔："即使遵从法院的旨意，微软公司也不会失去什么。"

《商业周刊》软件编辑埃米·科尔特斯写道：

拥有微软公司那种技术的公司，应该能制作出堪称世界上最一流的 Windows 版本——一种附带因特网探险家，一种不附带。

如果这样的话，相信大多数厂家会选用附带因特网探险家的那种。但这不应该是微软公司的罪过，而应是微软公司的功绩。

但考虑到利害关系，他建议比尔说："政府目前要求的，只是让个人电脑制造商与消费者都有所选择，所以，还是让市场来作决定，为你自己免去一大堆麻烦吧！"

比尔并不是人们想象中的那种不可一世的人，他非常理智地看待所有与政府间发生的事情：

"当自己的政府控告你的时候，你会怎么想？你的心里是什么感受？那不是一种愉快的体验，我不会坐在那儿说：'哈，哈，我会为我的为所欲为而高兴。'

"我心里想的是，这是我碰到过的最糟糕的事情！当然，对这些事，我很失望，也很气愤。但我忘不了谦虚，忘不了礼貌。"

后来，微软公司遵从了法官的命令，在销售 Windows95 操作系统时，不要求经销商搭售微软公司的网络浏览软件。

曾参与过微软公司与联邦政府一件诉讼案的旧金山律师山姆·米勒认为：比尔终于明白，在微软公司设法回复法院命令的方式上犯了一个很大的策略性与公共关系上的错误。

在那不久，微软公司公关部经理狄恩·卡兹也认为，并不是微软公司"终于服从"法官的命令，只不过微软公司与司法部在这一点上有不同的看法，但是双方都希望统一观点，于是与司法部达成了临时协议。

比尔真实的立场当然并不是同政府作对，他希望人众能理解他的真实想法。

于是，他给《商业周刊》写了封信，希望借该周刊缓解微软公司与美国司法部的矛盾：我们当然希望增进与政治领导人的对话，好让他们了解我们所代表的卓越意义。

在梅琳达与比尔参加过的一些司法部听证会上，比尔并没像人们所说的那样好争辩、脾气暴躁。

虽然他认可法院对微软公司作出的裁决，但是在一些原则问题上却不轻易妥协。

显然，比尔对官司已习以为常了，他已做好了笑对各种波折的心理准备。

微软公司以惊人速度发展着，而微软公司官司也许永远是个变数。但有一点不变的是，无论什么时候，只要官司需要，微软公司需要，梅琳达都会挺身而出，与比尔并肩走上法庭。

保持冷静的头脑

比尔没有大公司总裁常有的威严和高高在上的作风。他当然也有发脾气的时候，有时甚至十分严厉，但他却决不会因别人冒犯他而记恨在心。

他不喜欢人人都当应声虫，有时甚至会假装反对某人的意见，以试探对方是否真的对自己的意见有把握，并且不惜因此冒犯自己。

比尔对下属在工作上的要求是异常严格的，他对鲍默尔就是一例。鲍默尔可称得上是比尔的挚友，他们曾经在哈佛大学同窗学习。

鲍默尔毕业后，又在斯坦福大学攻读硕士，没等拿到学位就去一家公司跑销售，在经营上和软件设计上都有独到之处。他于1980年来到微软公司，担任总裁特别助理，是比尔的得力助手。然而，即使像鲍默尔这样的资深人物，一旦工作上出了差错，比尔也要对他大发雷霆，甚至要炒他的鱿鱼。

微软公司招募人才的对象，主要是美国的17所大学、加拿大的4所大学和日本的6所大学。他们总会不时派人到这些学校去物色人才。

微软公司招募人才的标准，除了智商要高以外，还有其他一些要求。他们希望自己的员工能满负荷地工作，要有高度的责任心，能直截了当地谈论自己的看法而不遮遮掩掩。

一旦微软公司初步看中某个学生，就会向他提出一些问题。这些问题大多是灵活多变的，富有开放的色彩。哪怕从学生回答问题的声调中他们也能看出一些东西，比如此人是否精力充沛，自我期望值是不是太高。

微软公司的人才得到源源不断的补充，他们把这些来自名牌大学、经过严格考核的高素质人才视为自己的一笔财富。到 1983 年，全公司已有雇员 450 名，其中 100 名为程序员。

这些人继承并保持了自创立公司以来具有的典型作风：疯狂地工作，也疯狂地玩乐。程序员完全是由比尔和鲍默尔亲自挑选，在公司享有许多特权。

即便是刚离开学校来到公司的程序员，也有自己的一间独立的办公室。

一位来自麻省理工学院的学生得意地说："在微软公司里，软件工程师得到了一切最好的东西。打从第一天上班起，你就拥有自己的办公室，这实在太好了。对新手也如此待遇的公司，再也找不到第二家。对于一个刚刚跨出校园的学生给予这样的待遇，才能把世界上最著名大学的高材生网罗到手。"

比尔不仅对每个年轻人的相貌都谙熟于心，而且对他们的电话号码、车牌号码都能如数家珍般地倒背如流。

有一次，比尔同一名高级经理到一处工地去，行经停车场时，他毫不迟疑地向那位经理讲出哪辆车的主人叫什么名字。这并非比尔有意去记住这些号码，只不过因为他同那些程序员混得太熟，而且对他们非常关注而已。

比尔希望他的程序员跟他一样，每周工作 60 小时至 80 小时。一位程序员感慨地说："你身处这样的环境，身边所有人都如此刻苦，就连掌管这个公司的人也是如此，因此你也不得不这样做。"

在微软公司，人们疯狂工作已蔚然成风，甚至大有走火入魔的趋势，以至于有时比尔反而得招呼大家悠着点，可小伙子们仍然充耳不闻。这时候，比尔就不得不使出他的绝招，把房门锁上，强制大伙儿休息。

程序员们的努力是有回报的，他们都被纳入了公司股票分配体系之中，公司股票一上市，他们全都成为百万富翁。

业务的不断迅速增长当然是一件好事，然而比尔一旦从巨大的成功中冷静下来，立刻发现随之而来的种种弊端也越来越突出。

比尔首先感到担心的是大量冗员会败坏公司的活力与组织。微软公司初始阶段有雇员100人左右。比尔曾宣称，他的公司最多不超过200名雇员。

但现在比尔不得不重申："我并不反对生产和人员的增长，但我认为增长速度不能太快。在目前情况下，我不想让公司雇员超过1000人。"而在1986年3月，在微软公司股票上市的时候，公司已有差不多1200人。

在一个大公司里，最容易使人精神涣散的是缺少人情和关怀。在人员不断增多从而造成心理涣散这一点上，既显示出比尔敏锐的预见力，也表现出他能防微杜渐的本领。为了保持员工们的积极性和创造力，比尔动了许多脑筋。

微软公司在西雅图的办公楼已无法容纳与日俱增的雇员。公司决定搬迁到10多千米之外的地方。在那里，比尔买下18亩土地，加班加点地盖了4幢办公大楼。为使员工们可以浏览户外四周碧绿的树林，公司把大楼全都设计成X型。比尔要让全体员工都能分享欣赏全美国最优美的西雅图近郊景色的愉悦，让人们心旷神怡，精神振奋。

比尔把全体软件工程师集中到两幢4层的楼房里。那里有全天服务的快餐店，供应全部免费的软饮料；有开展集体体育活动的场所，如棒球场、足球场和排球场，而且所有体育活动统统免费。

公司早已作出规划，要有宽敞的工作场所、足够的办公大楼和充裕的休息设施。原来预计在未来的25年内，在原有基础上再新建3幢大楼。可是还不到一年，第五幢和第六幢就已破土动工。这两幢尚未完工，第七幢又来了。

只是第七幢修建得不太顺利，因为它坐落在一片树林里。结果，第七幢还没有来得及开工，便干脆开始修建第八幢和第九幢。大面积施工，成片的楼房建成，在 6 年时间内，微软公司在 4000 多亩土地上就建成了 22 幢楼房，以致人们把这里的街道称为"微软公司路"。

比尔在谈到修建这么多办公大楼时说："我们有这样多的年轻人，他们在进大学前几乎足不出户，而现在又将他们带到这几乎是荒郊野外的地方，怎么能不尽量让他们感到舒服一些呢？说实在的，他们并不乐意老待在这个地方，他们需要交友、玩乐、活动。然而，我需要他们工作，需要他们干得更好。"

比尔强调说："我希望他们有一种归属感，让他们明白，这一切都是他们自己的。"

比尔既为员工们解决各种困难，又时时告诫他们，千万不要骄傲，要保持清醒、冷静和谦逊的作风。

微软公司厂区原来没有固定的停车场，谁先到公司，谁就能寻到一个停车的位子，连比尔本人也如此。

在公司股票上市以后，公司里一下子增添了许多百万富翁，不少人都因股票而大发其财。在微软公司的停车场上，总是摆满了各种各样的高级轿车，保时捷、奔驰、法拉利等名牌车无所不有，即使董事会的车混在中间，也很难辨认出来。

比尔眼见雇员们的高级轿车越来越多，他的心反倒越收越紧。自从微软公司的股票上市以来，公司里许多人大发其财，他们的注意力显然已经被分散了。他们常常用更多的心思去关心股票的行情，并且不断滋生出骄傲和扬扬自得的情绪。

比尔忧心忡忡地说："这实在叫人担心！他们这样做意味着什么啊？！"

比尔反复警告他的员工，千万不要被纸面上的价值和财富迷惑！他非常严厉地指出："这是愚蠢的！公司的股票固然具有高面值，但高面值常常是短暂的，是变化无常的。"

比尔对于微软公司的巨大成功，有过细致的分析与总结。在一次邀请会上，他对自己建立企业文化、组织工作模式、开展经营活动等方面的细节，作了中肯的阐述。

在微软公司，建立了企业内良好的合作关系。这种合作非常方便而且十分融洽，部门之间、工作人员之间从来不设什么关卡，也没有烦琐的手续；合作关系之方便有效，犹如朋友之间的互相支援。

在公司的最高领导层，只有那么几名主要成员。微软公司从来不设那么多的副总裁，这已是众所周知的。这使最高领导层不存在推诿拖沓的作风，办事决策，雷厉风行。这是微软公司的一个原则。

微软公司共有 9 个部门，每个部门的组织结构都是相同的：一名产品部经理，一名开发部经理，一名程序经理，此外，还有一名用户部经理。其中，程序经理是最为重要的职位，他要对产品的特性及其对用户的吸引力负责。

微软公司一向有重男轻女的传统，在 9 个部门的经理中，只有一位女性。这些人中一些是工商行政管理的高学历人士，另一些则是微软公司历年提升起来的。所有这些人，都具有与所管理部门相关的很高的专业知识和组织能力，能独立操作，独当一面。这正如一台安装得十分精密而且所有零件都具有高质量的机器，开动起来运转自如，效率很高。

为了保证开发小组永远处于最佳工作状态，微软公司采用了著名的达维利亚管理方式。这种方式的做法是：每 6 个月将对全体开发人员的工作进行一次检查，其中，大约 5% 在工作状况和成绩方面处于最后的人将被解职，另谋出路。

对这种做法，比尔解释说：离开微软公司，自然还有其他工作可干，比如去波音公司或其他什么公司。一些人还可以干脆回东部去谋生。

开发小组从来都是较小规模的，人员不多但负有重任，永远保持着队伍精干、效率很高的特色。

比尔认为，哪怕微软公司再进一步发展壮大，他这一支应用程序的开发队伍也不会扩充。微软公司的机构扩充计划中，开发人员只有18个名额，而且还在做缩减的打算。而在莲花公司，开发人员的队伍多达120名。

比尔认为，这会导致互相扯皮、推诿和不负责任的作风。因此在开发人员队伍的建设上，他的基本观点是少而精。

微软公司拥有一支高水平的"设计师"队伍，当然，也仅仅是7个人而已。这些人专门从事的工作是：不断提出新的见解，规划新的技术远景，乃至为整个公司的发展方向和目标绘制蓝图。

这是一群具有远见卓识的软件高手，是电脑行业中的凤毛麟角。不言而喻，比尔是他们中的"总设计师"。

对这7位"重量级思想家"，比尔总是格外偏爱，另眼相看。他们是微软公司的精神台柱，是不可或缺的思想核心。其中包括微软公司的戈登·莱特温和"创收火山"、匈牙利计算机天才西蒙尼。

微软公司把包括这些思想家在内的所有人员分成6个级别，即所谓采用10至15级的等级划分法。如果一名程序员升至15级，他就是"重量级思想家"了。当然，一旦成了这类人物，公司的巨额股票分配也就顺理成章地降临到了头上。

微软公司能够取得巨大的成功，在比尔看来，最主要的原因在于这里聚集了最优秀的干才。所谓最优秀的干才，便是他们必须具有坚强的毅力，必须能持之以恒，必须拥有极高的智慧、丰富的实践经验以及正确无误的商业判断能力。

比尔强调，在这里，极高的智慧乃是关键中的关键。而比尔本人的使命，则是正确地驾驭这些英才，让他们的才智得以全面发挥，因为他认为，这些人完全可以把事情做得更好，可以成倍地、成十倍地发挥出他们的才干。他要求这些人每天一边工作，一边念念不忘：

"我必须取胜！"

他们必须能够迅速地转换在工作和在家庭里充当的角色，这就是说，在周末加班加点夜以继日地工作并非什么稀罕事，这是微软公司人所必备的一种素质。

作为微软公司，它必须对所有的竞争对手施以无情的打击。这其实是产生于激烈竞争中的防范心理。微软公司担心在商业上失去它的领先地位，因而不得不先发制人，以防患于未然。

微软公司在商业竞争上总是抱着强烈的忧患意识和谨慎态度。比尔无法容忍失败，所以他脑子里一直考虑的是：有朝一日，谁将会取代我们？这也正是他千方百计要消灭每一个竞争对手的原因。

多年来，比尔对他手下的经理们总是不厌其烦地谆谆告诫：必须时刻保持清醒的认识，决不可以被胜利冲昏头脑，要看清楚，四面八方全是虎视眈眈的对手。

比尔对他们说：应当去了解他们，细致入微地了解他们，连他们的生日和孩子的名字都应当了解得一清二楚。

比尔希望，他手下的人们能够像他自己那样时刻保持警觉，而千万不可有丝毫的麻痹大意。他在全体员工大会上反复叮嘱："要多想想我们的竞争对手，知己知彼，百战不殆。不要认为我们已经占了上风，因此我们就会永远立于不败之地。不，这必将导致落伍，导致淘汰！"

事实证明，比尔和他的微软公司在内部管理机制和对外竞争策略上的一整套做法，是科学、严谨、卓有成效的。微软公司在世界电脑业界独领风骚而又经久不衰，正是这种管理策略最强有力的注脚，正是微软公司经营思想最生动的体现。

把目光瞄向中国

　　经过多年努力，微软公司已在一些主要国家站稳了脚跟，在意大利、澳大利亚、加拿大、墨西哥、荷兰和瑞典都设立了分部。

　　比尔又把目光盯向中国。中国拥有世界 1/5 的人口，20 世纪 90 年代后，计算机市场有了急速的发展。1992 年，微软公司在北京成立了代表处，标志着微软公司正式进入中国。

　　微软公司的 MS－DOS 操作系统以及视窗 1.0、视窗 2.0 和视窗 3.0 都在中国非常走俏。中国的计算机几乎都离不开微软公司软件系统的支持。

　　进入中国后，微软公司采取了一系列措施，比如开发本地化软件版本，即中文版；举办各种类型的技术讲座、研讨会，为用户提供全面的服务；设立微软公司大学和培训中心，培养会操作微软公司设备的人才；为微软公司培养产品销售方面的人才；与中国的新闻出版单位合作，编发各种技术资料；与中国知名厂商合作从事产品的研究开发。

　　微软公司的这些措施使微软公司在中国的事业发展很快，也促进了中国计算机行业的发展。

　　在推出 Windows95 之前，为了进一步了解中国的计算机市场，进一步推进微软公司在中国的事业，比尔决定访问中国。

　　1994 年 3 月 21 日晚，比尔以休假旅游的名义来到中国。不过，谁都知道，比尔是到中国了解计算机行情来了。

　　他这次来中国只带了翻译，没有随行人员。他一身美国流行的休闲时装打扮，外套里穿一件普通衬衣，着牛仔裤和运动鞋。

比尔一到中国，就吸引了人们关注的目光：他毕竟已经是世界上数一数二的富豪，是世界上最大的软件公司的总裁。

3月22日，比尔到中科院参观，并同周光召院长会谈。他在中科院参观了语言识别系统，发现中国软件工程具有极大的潜力，连声称赞说："远远没有看够，很希望更深入地了解中国同行的工作。"下午，比尔主持了一个软件发布会，并回答了中外记者提出的问题。

3月23日，比尔在早餐会上会见了10多位中国著名的软件工作者。饭后，他到北京香格里拉饭店做专题演讲，题目是《20世纪90年代微机工业展望》，来自中国各地的1000多名电脑工作者出席聆听。

比尔的讲演有许多独到之处，给中国电脑界同行带来不少新的信息。他阐述了大量新的见解，对20世纪90年代电脑发展的趋势作了预测，还演示了视窗—NT对3部影片同时剪接处理的强大的多媒体功能。他的演讲和演示，博得阵阵掌声和喝彩。

1995年9月，轰动世界的Windows 95在全世界顺利发布，纽约夜半街头排起长队购买Windows 95的情形成为所有电视节目中最亮丽的一道风景线。微软公司的股票直线上涨，比尔的个人财产又成为华尔街的热门话题。

在一片喧哗之中，比尔开始了按计划度假。这个年度最长的假期，比尔选择来中国。他避开美国传媒的视线，同新婚妻子、父亲和当时的全球第二大富翁华伦·巴菲特等一行10多人悄悄地来到了中国。

9月18日，比尔一行开始在北京观光。中国古老的文化遗产，成为他最感兴趣的内容，如故宫、颐和园、恭王府、天坛。比尔饱览了中国5000年文明，更深层次地体会了中国文化内涵，了解了中国人民的感情。同时，比尔还去了北京大学，在参观校园之余，还同北大师生进行了座谈。

9 月 20 日，中国国家领导人在中南海瀛台接见了比尔一行。

席间，比尔表示，他要去中国的西部看一看，包括西安的兵马俑、甘肃的敦煌，还要去看长江三峡。比尔特别提到了他要在中国尝试不同的交通工具，包括飞机、火车、轮船、自行车和骆驼。

比尔还专门在天安门广场和长安街上骑自行车，体会北京人的生活。其后，比尔一行开始了中国西部之旅。

3 个月后，比尔又来到中国，这次他去了中国南方都市广州，与业界人士共同探讨信息化的发展道路。比尔的到来让羊城的年轻人兴奋不已。为了一睹全球最成功的企业家的风采，广州中国大酒店的大门让热情的羊城人给挤破了。这次微软公司也成功地在中国建立了自己的市场和销售渠道。

1996 年 6 月，比尔第四次访问中国，这次他去了上海，直接在中国的工业与商业中心探讨中国的市场问题。在这次访问中，比尔与上海市政府签署了支持上海市政府建设上海信息港的备忘录，到复旦大学和上海交大参观访问并作了演讲。当然，比尔也专门抽时间一睹了中国东方之珠上海的风采。

12 月 8 日，中国电子工业部与微软公司签订了一份合作备忘录，双方同意合作开发视窗 95 中文软件，这在世界上引起了不小的轰动。这标志着微软公司要抢占中文软件这个巨大的、前途无量的市场。

1997 年 12 月 12 日，比尔第五次来到中国。这次中国之行最为轰动的是他在清华大学的演讲。在清华大学校园，比尔站在一张高凳子上，发表了他对中国市场的看法：

　　微软公司的计算设想是全球计算，我们认为 PC 与 Internet 的连接会使世界变得更小，而且对下列许多方面都有积极的影响，建立人们之间的理解、共享包括医药在内的关键科学领域的研究成果。

比尔·盖茨·世界天才的魅力

允许全球商业良好地运作，Internet 已在推动这一切，微软公司已经在全球建立起业务运作。

我们对在中国取得的成功感到非常满意。我们在中国进行了大量的软件开发活动，而且还将继续增加。我们的关键是拥有高水平的软件开发人员。我们一直非常幸运地从清华大学招收了大量的人才，我们的核心人才来自清华大学。

比尔在清华大学的演讲，成了在校园发生的最令学生们感兴趣的话题："我们是读书，还是辍学去经商？""今年我 19 岁，如何开始我的事业？""成为像比尔·盖茨那样的人是千百万人的梦想，那现在你的梦想是什么？"

各种问题飞向比尔，他十分有兴致地同学生们进行交流。也许他过早地结束了哈佛大学的学生生活，他似乎对校园情有独钟，从北大、上海交大到复旦，到清华，他不断地给学生们增加一个又一个梦想。比尔的坦率、比尔的热情，成为更多的年轻人不断向上的动力。

比尔的清华大学之行，在给中国大学生留下深刻印象的同时，也给比尔自己留下了深刻印象。那些满脸稚气的大学生，如同 20 年前的他自己，他们提出的许多聪明、机智的问题，让他感觉到后生可畏。中国人的聪明智慧再一次让比尔感受到了这个国家巨大的活力。

回到美国后不久，比尔便决定将原本准备投资到印度的海外第二个研究院改建到北京中关村。1998 年 11 月 5 日，微软公司中国研究院正式成立。这表明，包括在 1995 年就已经成立的微软公司中国研究和开发中心在内，微软公司所有独立地从事基础应用研究、产品开发研究的机构都已在中国安营扎寨。

1999 年，比尔第六次访问中国，虽然时间仅有短短 6 个小时，但他发起的将 Windows 系统从 PC 平台移至其他设备终端的"维纳斯计划"，让业界轰动。

2001 年，比尔第七次访问中国，他在上海 APEC 会议上 48 小时内连续 3 场演讲让人记忆犹新。

2003 年，比尔第八次访问中国并带来"NET 计划"，中国成为全球首批与微软公司签署此计划的国家之一。

2004 年，比尔第九次访问中国。

2007 年，比尔第十次中国行的 7 个月后，比尔和梅琳达—盖茨基金会正式宣布，5 年内捐资 5000 万美元，帮助中国预防和控制艾滋病的传播，并在北京设立防治艾滋病办事处。比尔认为，值得投资帮助中国防治艾滋病。比尔说："我相信这些资金会用在'刀刃'上。"

2008 年 8 月，比尔在北京参加了第二十九届奥运会开幕式及相关活动。

2010 年，两个巨富巴菲特和比尔访华，游说中国的新兴巨富加入他们的"慈善联盟"。

2011 年，比尔为慈善访华，表示支持平民慈善。比尔访华除了带来援助，还希望将中国在农业领域的成功经验介绍给贫困的非洲国家，比如将中国的水稻研究成果引入非洲，帮助非洲提高粮食产量。世界两大水稻研究中心分别设在中国和菲律宾，基金会正在与这两个中心的研究人员合作，以研究出更多适合非洲种植的水稻品种，例如抗旱水稻。

告别微软帝国

2006 年 6 月 15 日，比尔宣布 2008 年 7 月将隐退，届时将辞去首席软件设计师一职，并不再参与微软公司的管理事务。

在宣布这一消息的时候，比尔显得相对镇定，但是却掩盖不了某些哀伤的情绪，毕竟这是他奋斗一生的地方。一些员工甚至热泪盈眶。

隐退后的比尔将专心于梅琳达—盖茨基金会，比尔将几百亿的家财捐献给这个慈善基金会。

微软公司的一名员工说："毫无疑问，他的慷慨使得数十万人重获生命。"

2008 年 7 月之后，这个微软公司最为神圣的职位将交给雷·奥茨。

在此之后，比尔将投身于他的基金会，但这并不表示他将对微软公司不闻不问。他表示，隐退后仍然会关注微软公司的发展，并在适当的时候提出建设性意见。

以后比尔将投身于他的基金会。除了对计算机和软件的热爱之外，盖茨对生物技术也很有兴趣。他是 ICOS 公司董事会的一员，这是一家专注于蛋白质基体及小分子疗法的公司。他也是很多其他生物技术公司的投资人。

比尔还成立了公司。该公司正在研究开发世界最大的可视信息资源之一的来自全球公共收藏和私人收藏的艺术及摄影作品综合数字档案。

此外，比尔还和移动电话先锋一起投资于 Teledesic。这是一个雄心勃勃的计划，计划使用几百个低轨道卫星来提供覆盖全世界的双向宽带电讯服务。

2008年6月3日，比尔最后一次以微软公司员工的身份发表演讲。他简要地讲到了自己要退休的事。退休之后，他将把主要精力用于基金会的慈善工作当中。比尔称这种转变"略微有点突然"。

"我将投身于一个全新的领域。这是我自17岁以来第一次真正地改变职业。在此之前，我完全沉浸于软件之中。"

2008年6月28日，美国当地时间27日上午9时左右，微软公司在雷德蒙市召开了一次盛大的欢送会，送别比尔·盖茨。这对微软公司的职员，包括CEO史蒂夫·鲍默尔来说都是一个重要时刻。

这次送别大会到会人数超过800人，更多的人则是在电脑前观看网上直播的。

上午9时20分，在鲍默尔的领引下，比尔从一个黑色帷幕后面，交叉着双臂走了出来。观众们站起来长时间鼓掌，比尔向观众介绍了自己的妻子梅琳达和孩子们。

比尔谈到了公司的历史，包括与国际商用机器公司之战。他笑着说，正是那场战斗导致了微软公司的成功。他谈到微软公司的竞争前景，称关注软件依然是正确的。

比尔表示，前进的道路并不平坦，因为过去30年在公司工作是多么自然的事情。有时当他开车送孩子时，会忘了在干什么，突然想到工作，就会开车去微软公司，孩子们问："爸爸，爸爸，我们去微软公司做什么？"

关于微软公司的发展，比尔认为，想法并不重要，重要的是敏捷，特别是在处理困难的挑战面前。

比尔解释说，在微软公司的初期他让鲍默尔加入董事会是为了帮助招人。比尔说："聘请自己的朋友不会为了聚会。"

在被问及最大的错误时，比尔表示软件行业的关键所在是精确预测到新的趋势，在图形用户界面上微软公司领先了，但在其他领域如网络搜索和广告上一直落后。

比尔说："当我们错过一个大机会就无法获得最有才华的人，这是最危险的。这种事情发生了很多次，过去就算了，但这种事越少越好。"

比尔说："人们常常问我，在微软公司面临如此多的挑战时，我怎么能离开呢？我表示，是的，竞争一直很激烈，但现在公司比以前任何时候都强大。"

比尔认为，微软公司的智商是非常出众的。现在我们无法再提高智商，有时还会降低些，这是我们面临的挑战之一。

6月底，比尔正式从微软公司退休，开始将主要精力投向慈善事业。比尔将带着他全部580亿美元的财产投入到他的"第二项事业"慈善中去，而不是留给自己子女。

比尔说："这是我和妻子共同的决定，我们决定不会把财产分给我们的子女。我们希望以最能够产生正面影响的方法回馈社会。"

比尔的新工作并不会减少人们对他的迷恋，因为神秘的光环背后闪现的不是金钱的光泽。

曾撰写过几本与科技行业及微软公司有关书籍的麻省理工学院斯隆商学院教授迈克尔·库苏马诺说："从某种程度上说，比尔几乎可以与上帝比肩。人们常常会比喻说，你无法像上帝那样无所不能，或者你无法像盖茨那样富可敌国。"

事实上，为了今天的退出，比尔花了整整10年的时间来苦心培养接班人——这就是他的哈佛同窗史蒂夫·鲍默尔。

比尔在4年前曾私下对鲍默尔说他想离开，他在2006年公开宣布了将于2008年正式退休的计划。

他也在退休前一直在说：我已经是微软公司的第二号人物了，我不再是微软公司的决策者。

鲍默尔1980年加入微软公司，是比尔聘用的第一位商务经理。随后负责公司营运、操作系统开发等工作。

鲍默尔1998年跃升为总裁，负责微软公司日常管理。

2000年鲍默尔被任命为首席执行官，比尔自己则改任公司首席软件设计师，为他20年来的得力助手充当配角。而鲜为人知的是，这场角色换位令这一对有史以来最成功的商业搭档一度几乎分道扬镳。

鲍默尔坐上了头把交椅，但比尔仍手握大权，这引发了两人间持续一年的争夺战。两人的冲突让公司的战略决策陷入瘫痪，董事会成员只好介入调停。

两人在2001年言归于好。当时比尔终于意识到他需要接受第二号人物的角色。比尔说，我必须改变。

如果这一次交接顺利，那么在很大程度上要感谢8年前的那场冲突促使两人直面一个关键问题：比尔能否让他的这位朋友毫无羁绊地经营公司。微软公司在计划这最终的权力交接时，也汲取了那场危机的教训。

交接在两人心头的分量，在微软公司最高管理层3月份的一次会议上体现得淋漓尽致。

鲍默尔向与会者发表了开幕致辞，当他提到这是他和比尔以及杰夫·雷克斯一起参加的最后一次这样的会议时，他的眼眶里充满了泪水。

雷克斯是微软公司的老资格高管，也是鲍默尔的朋友，他也将加入比尔的慈善事业。

上个月，在比尔和鲍默尔的一次共同采访中，两人谈到创建微软公司时，鲍默尔眼里含着泪水说："这有点儿像生儿育女，比尔生出了孩子，而我就像是孩子小时候带他的一个保姆。我们在一起共事其乐融融，这很好。我的意思是，这很重要，不过这就是我们做的。"

比尔笑着说："进入 2008 年，权力交接已成定局的根据就是今春微软公司对雅虎的收购努力。"比尔基本没有参与此事，并表示交易背后的那个人是鲍默尔，而负责两家公司技术合并工作的则是奥兹。

尽管现在看来这项计划已经彻底失败，而且将雅虎推到了竞争对手谷歌的怀抱，并引发了外界对鲍默尔判断能力不足的质疑，但不管怎样，比尔站在了鲍默尔一边。在雅虎问题上，比尔和史蒂夫的看法是一致的。

有件事是显而易见的：要不是鲍默尔愿意接班，比尔是不会这么快放手的。比尔的妻子梅琳达说："比尔曾经多次跟我说过，如果史蒂夫不待在公司，他是无法放下微软公司的。"如果史蒂夫做得不好，比尔也不会放心退休，他永远不会。

下个月，鲍默尔就将搬入比尔多年来使用的办公室。而今后，身为董事长的比尔每周将只为微软公司工作一天。对于未来的日子，鲍默尔说："我不会因为任何事情找比尔帮忙，这是原则。利用他嘛，会的，但需要他！"

此次交接标志着一段闻名遐迩的商业伙伴关系就此终结。这对伙伴缔造出了一个崭新的行业，孕育出许许多多的百万富翁，还为全世界重新界定了电脑的使用方式。

在比尔的领导下，微软公司还回击了美国历史上最激烈的反垄断诉讼战，而比尔积聚起来的个人财富成为他参与解决艾滋病等全球问题的资本。

微软公司内部把比尔这次转身称为变迁。尽管比尔已安排好诸项事宜，但考虑到员工的心理变化，众多业界人士预计，这场变迁会给微软公司留下一条无形鸿沟。英国广播公司报道说，微软公司员工们乐于承认比尔即微软公司。

1999 年，反垄断判决拖累美国股市微软公司的另一位创始人保罗·艾伦。在回忆 1983 年离开微软公司这段经历时他说：如果人们并不是每天依照你的决定行事，你并不能时时意识到转变角色将带有什么样的戏剧性。

对于比尔来说，离开自己深爱的岗位并投身一些充满不确定性的领域，也一定会遇到前所未有的挑战和困难。比尔很清楚，慈善家这个身份与一直以来扮演的软件之王角色绝对有天壤之别。

他说："我们不可能举办一个针对疟疾的国际展。你不能让50000人聚集到一座城市，说比尔有关疟疾的讲话就要开始了。"比尔意识到，与数字世界领导者这个身份相比，参与基金会的工作意义更大。

他说："这是一个全新的世界，与旧世界相比更为传统。我们要进行计划生育，资助与农作物有关的研究。一些人认为，你不应该借科学之力帮助穷人。但与涉及饥饿和死亡的问题相比，使用什么样的操作系统简直不值一提。"

"比尔是永远不可替代的。"这是鲍默尔在两年前对公司领导班子所说的话。鲍默尔说，"相反，他们应该将比尔带给微软公司的东西复制下来。"

没有比尔的微软公司，能够在前进的道路上走多久呢？微软公司许多员工认为，鲍默尔比比尔更有闯劲，这可能也是比尔早在1980年就想让鲍默尔加入微软公司的原因之一。

从这个角度上来说，微软公司今后肯定会继续生存下去，但是生存的方式可能会有些不同。

用比尔最喜欢说的话来说，微软公司很可能会继续保留其硬核本色，就像比尔时代的微软公司一样。

不过，如果微软公司遭遇危机，比尔能否抵挡住重返公司的诱惑，还不得而知。

在过去的10年间，有好几位知名创始人在他们的公司遭遇困境时都义无反顾地回来主持大局，其中包括重塑苹果公司的史蒂夫·乔

比尔·盖茨·世界天才的魅力

布斯、戴尔公司的迈克尔·戴尔和星巴克的霍华德·舒尔茨。

咨询公司的高级合伙人大卫·纳德勒说，他们都有一种救世主情结，认为"我是唯一一个能让公司重现辉煌的人"。

比尔表示：他乐意在某些长期项目上帮忙。

比尔对鲍默尔作出的其中一项承诺就是，除了继续参加公司董事会会议之外，每周会花两个半小时在"继续与搜索"和广告团队合作的业务上。

但他明确表示不会重返微软公司。

他说，那一页已经翻过去了。

比尔从离开微软公司后就很少参与微软公司事务。

在 2012 年 10 月，比尔罕见地回到公司，鲍默尔和员工热烈地欢迎了他。

比尔这次回公司的原因依然是慈善，微软公司内部举行了一个慈善庆祝晚宴。

比尔和鲍默尔透露，该公司成立 30 年来，其团队成员已经筹集了 10 亿美元，资助了 31000 个非营利组织和社区组织；微软公司高达 65% 的员工参与了捐献，同时也付出了与员工捐款相匹配的雇员志愿工作时间。

附　录

如果你已经制订了一个远大的计划，那么就在你的生命中，用最大的努力去实现这个目标吧！

——比尔·盖茨

经典故事

ᕙ 我应为王的比尔 ᕗ

从小学直至大学都不做笔记的比尔，却抄写过洛克菲勒的一句名言："即使你们把我身上的衣服剥得精光，一分钱也不剩，然后把我扔在一个孤岛上，但只要有两个条件：给我一点时间，并且让一支船队从岛边路过。那过不了多久，我就会成为一个新的亿万富翁……"

比尔在小时候，就有一种想成为人杰的强烈欲望。他的同学回忆说："任何事情，不管是演奏乐器还是作文，除非不做，否则他都会倾其全力花上所有的时间来完成。"

比尔的进取精神在整个年级是赫赫有名的，几乎没有一个同学能比得过他。他四年级时，有一次，老师叫全班同学写一篇不超过20页的短故事，而比尔却写了100多页。

比尔的同学回忆说："比尔不管做什么事，他都要弄它个登峰造极，不到极致，决不甘心。"

ᕙ 争强好胜的比尔 ᕗ

比尔喜欢辩论，但是他在辩论的时候，时常言语粗鲁，充满讥讽甚至带有侮辱性。在他表达观点时，如果有人激怒他的话，他会暴跳如雷。

在成为一个商业巨人后，他依然说话语调尖锐高亢，满口俗话，态度傲慢甚至粗鲁。对微软公司的大多数编程人员来说，和比尔一起参加技术会议就如同是进行语言测试一样。

比尔有一种发现他人纰漏的惊人能力，尤其是在辩论时表现尤为突出。不论是谁，一旦被他发现漏洞，他就会用他最喜欢的字眼，诸如"傻瓜"、"疯子"之类的词语，将你贬得体无完肤。

就连对与他合作多年的好友保罗，他也毫不示弱。

虽然他们两人都对科学和计算机有兴趣，两人也同是数学尖子，但比尔的争强好胜则是两人之间最为突出的差别。

比尔清楚，只有当他处于上风时，他才可能和别人共事或者成为好友。相识后不久，他就对保罗说："我很好相处……只要让我拿主意就行。"

❧ 总让老师难堪的学生 ❧

长大的比尔，有着一张长不大的娃娃脸。许多竞争对手就是被这个外形清瘦、头发蓬乱的大男孩的那张诱人上当的面孔所迷惑。

尽管比尔看上去像个仓库保管员，但他却成了一个令人敬畏的商业巨子。他喜欢舒适地坐在电脑前，一边吃比萨饼，一边喝可乐，一边彻夜不眠地编写电脑程序。

更让老师难以接受的是，比尔在哈佛大学运用学校的计算机开发出软件，进行商业推广，赚了不少钱。为此，他受到了学校的严厉批评，并警告不得再犯。因为学校认为比尔违背了供公共教育的教学设施不得用作牟利的大学精神。

❧ 比尔的第一笔善款 ❧

1994 年 6 月，比尔的母亲因乳腺癌而逝世。

大概 6 个月之后的一天，老盖茨和儿子以及儿媳妇梅琳达站在一家电影院门口，排队买票。这时，老盖茨提出建立一个慈善基金会的想法，他可以帮助筛选寄到微软公司总部的求助信件，并从中挑出真正需要帮助的人士，代表微软公司给他们捐钱。

一周以后，比尔拿出一亿美元开创了"梅琳达—盖茨慈善基金会"，并委托自己的父亲掌管。这个基金会的第一笔善款，是老盖茨在自家的餐桌上开出的，数额是 80000 美元，受助人是西雅图当地的一家癌症治疗中心。

后来，一些从微软公司退下来的公司高层也加入到这个基金会的管理工作中。他们和老盖茨一起将基金会越做越大，捐助的范围也扩展到教育和疫苗研发上。

没脑子的混蛋

微软公司程序员埃勒在工作中发现一个语言软件中的着色功能有问题，他把问题处理好后，就兴冲冲地去找比尔。

"比尔先生，我发现了一处设计错误。"

比尔很感兴趣，他微笑着问："错在什么地方？"

埃勒激动地回答："你看看，错误竟然在这里，真不知道是哪个没脑子的混蛋设计的这个程序。"

比尔又问："你把问题处理好了吗？"

"处理好了。"

比尔脸上闪烁着优雅而迷人的微笑，他赞赏地对埃勒说："你做得很棒。"

后来，埃勒惊讶地发现那个设计错误程序的"没脑子的混蛋"就是比尔。

坦诚的胸襟

　　吉姆·埃尔勤是微软公司平台部门的副总裁，是微软公司举足轻重的人物之一。

　　当初，比尔通过朋友联系到吉姆·埃尔勤，可恃才傲物的吉姆不理不睬。后来，比尔再三邀请，吉姆才答应见一面。

　　结果，比尔一见到吉姆，就听吉姆说："微软公司的软件是世界上最烂的，实在不懂你请我来做什么。"

　　令吉姆惊讶的是，比尔不但不介意他的话，反而说："正是因为微软公司的软件存在各种缺陷，微软公司才需要你这样的人才。"

　　倨傲的吉姆深深地被比尔的坦诚和胸襟所感动，他终于接过比尔伸出的橄榄枝，加入了微软公司。

年　谱

1955 年 10 月 28 日，出生于美国西雅图。

1968 年，在湖滨中学第一次与电脑邂逅。

1972 年，和保罗成立交通数据公司。

1973 年，考取哈佛大学法律专业，并与住在同一个宿舍的史蒂夫·鲍默尔结为好友。

1975 年 7 月，在新墨西哥州的阿尔伯克基正式创建了微软公司。

1977 年 12 月，因驾驶保时捷跑车超速而被警方逮捕。还有一次无照驾驶。

1980 年 11 月 6 日，与国际商用机器公司签订共同研制个人计算机的合同。

1982 年，成为美国《金钱》杂志封面人物。

1982 年 10 月，多计划软件问世。

1985 年 11 月，视窗软件 1.0 上市。

1986 年 3 月 13 日，微软公司股票在纽约股票交易所上市。

1990 年，推出 Windows 3.0。

1994 年 1 月 1 日，和梅琳达在夏威夷拉奈小岛上举行婚礼。

1995 年，Windows 95 操作系统发布。

1995 年，出版《未来之路》，曾经连续 7 周名列《纽约时报》畅销书排行榜的榜首。

1995 年 7 月 17 日，39 岁的盖茨以 129 亿美元的个人财富成为世界首富。

1998 年，推出了 Windows 98，巩固了计算机软件业的霸主地位。

1998 年 4 月，向联合国人口基金会捐款 170 万美元。

1998 年 12 月 2 日，为发展中国家的儿童免疫项目捐款 1 亿美元。

1999 年，撰写《未来时速》一书，向人们展示了计算机技术是如何以崭新的方式解决商业问题的。

1999 年 5 月 4 日，向一家设在纽约非营利性民间组织"国际艾滋病疫苗倡议研究组织"捐资 2500 万美元。

1999 年 10 月 18 日，被《时代》周刊评为"在数字技术领域影响重大的 50 人之一"。

2000 年 1 月 18 日，宣布将在 5 年里向国际疫苗研究所捐赠 4000 万美元，用于贫穷国家防治霍乱、痢疾和伤寒。

2001 年年底，推出 Windows XP，并亲自来到时代广场推销。

2002 年 3 月，在《福布斯》杂志全球富翁排名中居首位，个人资产为 528 亿美元。

2005 年 12 月，夫妇两人当选《时代》周刊 2005 年度人物。

2006 年 1 月，荣登《金融时报》第二届全球富豪榜榜首。

2007 年 4 月 19 日，获得清华大学授予的名誉博士学位。

2007 年 6 月，获哈佛大学荣誉法学学位。

2007 年 12 月 20 日，诺贝尔医学奖评选机构、瑞典卡罗林斯卡医学院宣布，授予盖茨夫妇医学荣誉博士学位，以感谢他们为促进人类健康的改善做出的努力。

2008 年 3 月，《福布斯》发布 2008 年全球富豪排行榜，蝉联 13 年首富桂冠的比尔以 580 亿美元的资产总值下滑至第三的位置。

2008 年 6 月 27 日，这位"坐在世界之巅的人"宣布正式退休，并把自己的财产全部捐给其名下的慈善基金会。

2012 年，以 660 亿美元的资产第十九次成为美国首富。

名 言

● 生活是不公平的，要去适应它。

● 如果你确实做不好，那么至少让它看起来好。

● 为成功而庆祝是应该的，但更重要的是吸取失败的教训。

● 我相信如果你给人们问题的同时给予解决方案，人们必将采取行动。

● 如果你陷入困境，那不是你父母的错，所以不要尖声抱怨我们的错误，要从中吸取教训。

● 世界不会在意你的自尊，人们看的只是你的成就。在你没有成就以前，切勿过分强调自尊。

● 在学校里，你考第几已不是那么重要，但进入社会却不然。不管你去到哪里，都要分等排名。

● 如果情况已经非常糟糕时你才意识到麻烦，那已经晚了。要有希望，除非你总是保持危机感。

● 如果你已经制订了一个远大的计划，那么就在你的生命中用最大的努力去实现这个目标吧！

● 只要有坚强的持久心，一个庸俗平凡的人也会有成功的一天，否则即使是一个才识卓越的人，也只能遭遇失败的命运。

● 我深信任何可以增进人与人之间沟通的方法都具有长远的价值，人们借此相互学习，并且共同努力达到彼此认同的自由。

● 强烈的欲望也是非常重要的。人需要有强大的动力才能在好的职业中获得成功。你必须在心中有非分之想，你必须尽力抓住那个机会。

● 幸运之神会光顾世界上的每一个人，但如果她发现这个人并没有准备好要迎接她时，她就会从大门里走进来，然后从窗子里飞出去。

● 在学校，老师会帮助你学习，到公司却不会。如果你认为学校的老师要求你很严格，那是你还没有进入公司打工。因为，如果公司对你不严厉，你就要失业了。

图书在版编目(CIP)数据

比尔·盖茨 / 张学文编著. --北京:中国社会出版社,2014.8
(2022.6 重印)
ISBN 978 - 7 - 5087 - 4757 - 6

Ⅰ. ①比... Ⅱ. ①张... Ⅲ. ①盖茨,B. - 传记
Ⅳ. ①K837.125.38

中国版本图书馆 CIP 数据核字(2014)第 123998 号

出 版 人:浦善新   策划编辑:侯　钰
责任编辑:侯　钰   封面设计:张　莉

出版发行:中国社会出版社   地　　址:北京市西城区二龙路甲 33 号
邮政编码:100032   编 辑 部:(010)58124867
网　　址:shcbs.mca.gov.cn   发 行 部:(010)58124866
经　　销:各地新华书店

印刷装订:北京华创印务有限公司   开　　本:170mm×240mm 1/16
印　　张:13   字　　数:200 千字
版　　次:2014 年 8 月第 1 版   印　　次:2022 年 6 月第 3 次印刷
定　　价:49.80 元

中国社会出版社微信公众号   中国社会出版社天猫旗舰店